„Televizi považuji za velmi vzdělávací.
Kdykoliv ji někdo zapne,
jdu si do vedlejšího pokoje číst."
— Groucho Marx

BUDDHISTICKÝ TRÉNINKOVÝ TÁBOR

Timber Hawkeye

Přeložila: Mina Todorova

Překlad upravila: Dana Shanberg

HP

Hawkeye Publishers
Los Angeles, California USA

BUDDHISTICKÝ TRÉNINKOVÝ TÁBOR
Copyright © 2021 - Timber Hawkeye
Všechna práva vyhrazena.

Z anglického originálu: Buddhist Boot Camp
Timber Hawkeye
Přeložila: Mina Todorova
Překlad upravila: Dana Shanberg

TimberHawkeye.com

Žádná část této knihy nesmí být použita ani reprodukována žádným způsobem bez písemného souhlasu autora s výjimkou krátkých citací v rámci článků a odborných prací.
(CC BY-NC-ND)

Paperback   978-1946005588
Hardcover   978-1946005564
Ebook   978-1946005571

Základní trénink

Krátké kapitoly shrnují vše, co jsem se v průběhu let naučil, a jsou snadno pochopitelné.

Úvod .... *i*

VĚDOMÉ ŽITÍ

Lpění 1
Trénink mysli 3
Širší kontext 5
Život sladký jako dort 7
Méně je více 9
Odnaučit se 11
Klid je možný 13
Jsme oběťmi vlastních rozhodnutí 15
Utopie 17
Nezanechávej po sobě stopy 19

LÁSKA A VZTAHY

Láska je oceněním krásy 23
Portrét zdravého vztahu 25

Můj svatební den 27

Pocity vs. emoce 29

Sexuální zodpovědnost 31

I krátký rozhovor může vést k velkým změnám 33

Léčivá síla lásky 35

NÁBOŽENSTVÍ/DUCHOVNO

Jednoduchá definice Boha 39

Božství v nás 40

Nebezpečí náboženských textů 41

Modlit se, meditovat, nebo obojí? 43

Vést příkladem 45

Karma 47

Poselství, ne posel 49

Buddhismus jako stěrač 51

Uč děti přemýšlet, ne co si mají myslet 54

Každý je tvým učitelem 55

Pseudoproblém se zlatým pravidlem 57

POCHOPENÍ

Opak toho, co víš, je také pravdou 61

Přepišme příběhy, které vyprávíme sami sobě 62

Co je pravdou pro jednoho, je rouháním pro druhého 65

Pokání 68

Stále se učím 70

Střední cesta 72

Krása šedi 74

Žij a nech žít 75

Hlasování 77

ÚSPĚCH

Opravdový luxus 81

Kariéra je přeceňovaná 83

Kdy odejít 85

Být úspěšný znamená být šťastný 86

Nová definice „dostatku" 87

Jednoduchý život 89

Vědět ještě neznamená mít vyhráno 91

HNĚV, NEJISTOTY A STRACHY

Zdroj našeho utrpení 95

Původ hněvu 97

Dva vlci 99

Poznej protijed 100

Nikdy není pozdě 102

Sebeovládání 105

Sebepochybnosti 106

Bolest skrývající se za našimi strachy 107

ŽIVOT S VDĚČNOSTÍ

Vděčný za každý nádech 113

Prevence je nejlepší lék 114

Různé verze násilí 117

Je to na tobě! 118

Proč je vděčnost tak důležitá 119

Buď sám tou změnou 121

Myšlenky, slova a činy 123

Udělat „to správné" 125

Charta soucitu 126

Trvalost 128

Aktivismus 129

Snadněji se to řekne, než udělá 131

*Záměrem je probudit, osvětlit,
obohatit a inspirovat.*

Tato kniha je věnována tobě.

Úvod

Abych to zkrátil...

Po letech studia buddhismu jsem v rouchu vínové barvy seděl před tibetským lámou. „Při vší úctě," řekl jsem, „nevěřím tomu, že si Buddha kdy přál, aby se jeho učení TOLIK zkomplikovalo!"

Můj učitel se rozhlédl kolem po všech těch sochách mnohorukých božstev a uchechtl se: „To není od Buddhy! To pochází z tibetské kultury; toto je jejich způsob. Proč nezkusíš zen? Myslím, že by se ti líbil!"

Tak jsem se vypoklonkoval z chrámu, svléknul roucho a odstěhoval se do zenového kláštera daleko od domova. Zen byl jednodušší; to jsem musel uznat (zdi byly holé, což se mi moc líbilo), ale jeho učení bylo stále plné všech těch dogmat, která mě už dřív odradila od náboženství.

Je mnoho úžasných knih, které se zabývají všemi aspekty náboženství, filozofie, psychologie a fyziky, ale já jsem hledal něco méně „odborného", abych tak řekl. Přál jsem si najít něco inspirativního, na co by se dnešní lidé nejen dokázali soustředit dostatečně dlouho, aby to přečetli až do konce, ale co by také doopravdy pochopili a začlenili do svého každodenního života. Představoval jsem si jednoduchý návod na štěstí a v něm pouhá dvě slova: „Buď vděčný."

Vděčnost umí udělat z toho, co máme, dostatek, a právě to je základní myšlenkou Buddhistického tréninkového tábora.

Krátké kapitoly shrnují vše, co jsem se v průběhu let naučil, a jsou snadno pochopitelné, takže není potřeba, abys o buddhismu cokoliv předem věděl. Tato kniha vlastně ani není o tom být buddhistou; je o tom být Buddhou. Každá kapitola je buď zápisem z mého deníku, nebo jedním z osobních e-mailů, jejichž formou jsem svým přátelům posílal své postřehy a poznatky. Kdybych měl svůj deník pojmenovat, dal bych mu stejný název jako této knize.

Je dost možné (a naprosto v pořádku), aby byl například katolík, muslim, ateista nebo žid inspirován Buddhovým učením. Můžeš milovat Ježíše, opakovat si hinduistickou mantru, a přesto jít po ranní meditaci do chrámu. Buddhismus nepředstavuje hrozbu pro žádné náboženství, spíš posiluje již existující víru, neboť nás nabádá, abychom láskou zahrnovali všechny bytosti.

„Tréninkový tábor" je výcviková metoda a podstatou buddhismu je trénování mysli. Mnozí tvrdí, že nemají čas každé ráno meditovat, ale přesto chtějí duchovní vedení bez jakýchkoli doprovodných dogmat či rituálů. Přesně to Buddhistický tréninkový tábor svým rychlým a snadno pochopitelným stylem poskytuje.

Teď jsi vojákem míru v armádě lásky; vítej v Buddhistickém tréninkovém táboře!

Tvůj bratr,
Timber Hawkeye

VĚDOMÉ ŽITÍ

Lpění

Stejně jako obvykle hromadíme stará přání k narozeninám a suvenýry, výpisy z banky a účtenky, oblečení, rozbité spotřebiče a staré časopisy, ponecháváme si též pýchu, hněv, zastaralé názory a strachy.

Když cítíme takové pouto k hmotným věcem, představ si, jak těžké musí být vzdát se názorů (natož otevřít mysl novým nápadům, úhlům pohledu, možnostem a budoucnostem). Z našich domněnek se nevyhnutelně stává ta jediná pravda a realita, kterou známe, což nás vzdaluje od všech lidí s odlišnými názory. Tento odstup nás nejen rozděluje, ale také živí naši pýchu.

Mimochodem, všechno toto lpění pochází ze strachu.

Proč nás tolik děsí změny, cizí lidé, všechno nové či neznámo? Copak nám svět skrz každou generaci neustále neukazuje krásu, upřímnost a lásku? Zaměřujeme se snad natolik na tmu, že už nejsme schopni vidět světlo nebo si na ně aspoň vzpomenout? Je to jako v románu Nekonečný příběh, jestli si pamatuješ, kde realita přestává existovat, jakmile v ni lidé přestanou věřit.

Přátelé, láska je skutečná! A je všude kolem nás. Vibruje v každém projevu laskavosti, v každé službě druhým, skrývá se v umění i v našich rodinách.

Strach je také velmi reálný; prostupuje každou pochybností, zoufalstvím, zaváháním, nenávistí, žárlivostí, hněvem, pýchou a lstí.

Nauč se rozlišovat, zda tvé myšlenky pramení z lásky, nebo ze strachu. Mají-li původ v lásce, pak podle nich jednej. Pocházíli však ze strachu, zkus se do nich ponořit a najít jeho zdroj. Jedině tehdy se budeš konečně moct od strachu osvobodit a on tě přestane omezovat.

Není si nač stěžovat ani není důvod se bát; všechno je možné, když žijeme jeden PRO druhého.

Podle mého názoru nic, co nepřináší prospěch druhým, nestojí za námahu.

> *„Veškeré štěstí pochází z touhy, aby byli šťastní ti druzí.*
> *Veškeré utrpení pochází z toho,*
> *že člověk chce štěstí jenom pro sebe."*
> *– Šantidéva*

Trénink mysli

Tvoje mysl je jako rozmazlený bohatý spratek! Vychoval jsi ji k tomu, aby si myslela, co se jí zachce, kdykoliv se jí to zachce a jakkoliv dlouho, bez ohledu na důsledky či vděčnost. A teď, když je dospělá, tě nikdy neposlouchá!

Někdy se chceš na něco soustředit, ale tvoje mysl neustále sklouzává k tomu, na co chce myslet ONA. Jindy si zase moc přeješ na něco nemyslet, ale tvoje mysl „si neumí pomoct".

Trénovat mysl znamená mít rozhodnutí ve svých rukou místo toho, abychom podléhali touhám a takzvaným „nekontrolovatelným nutkáním". Napadá tě lepší způsob, jak vychovat rozmazlené dítě, než ho poslat do pořádného tréninkového tábora?

Začni pěkně popořádku: přestaň si dopřávat vše, po čem zatoužíš. Jinak jen dáváš tomu rozmazlenému spratkovi najevo, že bude dál dostávat všechno, co si zamane.

Nepleť si to prosím se strádáním, navrhuji ti totiž něco jiného. Klidně si můžeš třeba dát zmrzlinu, ale jen když se k tomu rozhodneš, ne když tě „přepadne" nutkání. Není to totéž.

Když tě napadne nějaká myšlenka, jen ji pozoruj; nereaguj na ni. „Já mám takovou chuť na zmrzlinu..." No bezva; vyzkoušej si, jaké to je něco chtít, a ne vždy to dostat.

Při prvních pár pokusech vycvičit svou mysl uvidíš, že to malé dítě v tobě bude vyvádět a dělat scény, což je vlastně hrozně legrační. Je to však pochopitelné; nikdy předtím jsi mu neřekl „ne". Je na čase začít!

Nakonec si všimneš, že když máš rozhodnutí ve svých rukou, vlastně disponuješ větší svobodou volby. Je to matoucí; jen doufám, že tato kapitola dává smysl.

> *„Věci dopadají nejlíp pro ty,*
> *kdo vytěží nejvíc z toho,*
> *jak věci dopadnou."*
> *– Art Linkletter*

Širší kontext

Neustále se ženeme za nějakým cílem nebo snem, za jakousi nedosažitelnou „cílovou čarou". Pod záminkou, že usilujeme o štěstí (a pod tlakem otázek typu „Kde se vidíš za pět let?"), si představujeme odlišnou verzi sebe sama, která existuje kdesi v daleké budoucnosti – je často bohatší, klidnější, vyrovnaná a moudrá.

V důsledku toho věnujeme velmi málo času tomu, abychom ocenili, kde se dnes nacházíme. Tak moc se soustředíme na to, jak by se věci „mohly mít", že nedoceňujeme, jak skvěle se mají už teď.

Toto smýšlení bohužel ovlivňuje, jak se díváme na většinu ostatních věcí v životě: místo abychom si vážili toho, co už máme, vyčerpáváme se touhami po tom, čeho jsme ještě nedosáhli. Místo abychom viděli krásu a požehnání ve svých přátelstvích a vztazích (a jaké štěstí je, že je vůbec máme), považujeme je za horší než představy, které jsme si o nich vytvořili.

Když si tak málo vážíme cesty, kterou jsme doposud sami ušli, máme tendenci nemít uznání ani pro úsilí druhých. Jsme-li netrpěliví sami k sobě, jak bychom mohli být soucitní k druhým? A dokud budeme sami sebe odsuzovat při pohledu do zrcadla, budeme totéž dělat všem v našem okolí.

Nebylo by úžasné pravidelně se zastavit, třeba jen na minutku, a uvědomit si, jak nádherné všechno je?

Posečkej na chvíli a vzdej poctu pokroku, který jsi již ve svém životě udělal, uznej dary, kterými disponuješ, a po dobu několika nádechů a výdechů prociť vděčnost za život samotný.

Neustále se vyvíjíme, rosteme, učíme se a rozšiřujeme své obzory. A přiznejme si: nikdy nebudeme „hotoví".

Poodstup kousek a všimni si, jak ty drobné detaily, z kterých si děláme velkou hlavu, v širším kontextu mizí.

*„Možná jsem nešel tam,
kam jsem původně chtěl,
ale myslím,
že jsem došel tam,
kam jsem potřeboval."
– Douglas Adams*

Život sladký jako dort

Když se mě nedávno kamarád zeptal, zda bych na svém životě chtěl něco změnit, instinktivně jsem řekl: „Ani náhodou! Jsem spokojenější než kdy jindy a šťastnější, než jsem považoval za možné."

Jeho odpověď zněla: „Určitě bys chtěl mít víc peněz, větší dům nebo NĚCO JINÉHO, ne?" A já na to: „Ne." Protože já jsem už teď šťastný; kdo ví, co by víc peněz udělalo s mým životem?!

Je to takhle: když si představíme život jako recept na dort, který se snažíme zdokonalit, pak já mám ten svůj recept pro tuto chvíli naprosto PERFEKTNÍ (s dokonalým množstvím mouky, cukru, prášku do pečiva atd.). Kdybych například přidal cukr, nemusel bych tím dort nutně vylepšit. Mohl bych ho dokonce zkazit!

Takže jestli se ti tvůj život nelíbí, zjisti, kvůli kterým ingrediencím je hořký, a ty z něj odstraň. Nevěř reklamám, které ti radí, abys ho potřel větší vrstvou polevy, protože pak bys měl jen hořký dort s polevou.

Lidé říkají věci typu: „Když pojedu na dovolenou na Havaj, můj život bude lepší!" Problém tkví v tom, že až se z Havaje vrátíš (jinými slovy, až olížeš polevu), bude tě doma stále čekat tvůj hořký dort.

Nejlepší je na tom to, že když přijdeš na PERFEKTNÍ poměr ingrediencí, tvůj život bude úžasný (ať už s polevou, nebo bez ní). Cokoli dalšího, co si k němu pro zábavu přidáš, bude jen třešničkou na dortu!

Každé ráno máme možnost vyzkoušet nový recept (zejména žijeme-li naplno). Takže i kdyby dnes tvůj dort chutnal hořce, nic se neděje – zítra ho udělej jinak. Jen nikdy neobviňuj ostatní, když se ti dort nepovede; každý z nás peče svůj vlastní.

Prozradím ti tajemství: i když každý má trochu jiný recept, hlavními ingrediencemi na dobré těsto jsou láska, vděčnost, laskavost a trpělivost. A strach kazí lidem dorty nejčastěji, tak ho nepoužívej!

Šťastné pečení všem!

„Když budeme stále dělat to,
co jsme vždy dělávali,
budeme stále těmi,
kterými jsme vždy bývali."
— Anonym

Méně je více

Táta chtěl vidět, jak žiju, když už roky mluvím o zjednodušování a minimalismu. Řekl jsem mu, že aby to OPRAVDU pochopil, bude se mnou muset měsíc bydlet, což taky udělal.

On je ten typ materialistického spotřebitele, takže když poprvé vešel do mého malého bytu, zvolal: „Proboha! Ty nic nemáš!"

Ale poté, co se mnou měsíc žil, připravoval se mnou jídlo, chodil každý den na dlouhé procházky, četl, psal, setkával se s lidmi a skutečně okusil jednoduchost mého života, mě před odletem domů objal a řekl: „Tvému životu nic neschází!"

Vehnalo mi to do očí slzy, protože on to skutečně pochopil. Obě jeho tvrzení byla pravdivá: nic nemám (v materialistickém smyslu slova), ale mému životu nic neschází.

Když jsem se o tento příběh podělil na facebookové stránce Buddhist Boot Camp, dostal jsem stovky nádherných komentářů od lidí, kteří opravdu chápali, jak důležitá tato chvíle s mým tátou byla.

Pracovat na částečný úvazek, abych mohl žít naplno, je to nejlepší rozhodnutí, jaké jsem kdy učinil. Nemám pocit, že bych kvůli tomu „obětoval" život plný „luxusu"; jen jsem zaměnil hmotné věci a iluzi hojnosti za skutečné, opravdové blaho.

Když jsem byl mladší, dvakrát do roka jsem se stěhoval. Díky tomu jsem se naučil nenechávat si NIC, co bych později musel balit. Žádné tretky, žádné suvenýry, žádné „krámy".

Je skvělé cítit se tak lehký a nelpět na věcech. Pokud ti však trhá srdce vyhodit nebo darovat něco, s čím se pojí vzpomínka, uvědom si, že dáváš pryč jenom ten předmět. Vzpomínka ti zůstává.

Jestli se bojíš, že na něco zapomeneš, vyfoť si to (fotka nezabírá žádné místo). Minulost tě pustí, když ty pustíš ji.

Tak roztáhni křídla a leť!

> *„Nic nemáš, a přesto tvému životu nic neschází."*
> *– Můj táta*

Odnaučit se

Nejsem si jistý, zda moudrost spočívá v nabývání nových vědomostí, nebo jestli se moudrými stáváme spíš tím, jak se vzdáváme iluzí o znalosti nějakých definitivních pravd.

Táta měl zajímavou poznámku, když jsem mu vysvětlil svoji životní cestu. Řekl mi: „Ty se nesnažíš naučit nic nového. Chceš se vrátit do doby, kdy ti byly dva roky, co?"

Do jisté míry měl pravdu. V tom věku jsem přece nevěděl, co jsou to předsudky, ani jsem druhé nijak neposuzoval. Fascinovali mě všichni bez ohledu na rasu, váhu, výšku, pohlaví nebo dokonce druh.

Vlastně si myslím, že všichni jsme od narození laskaví a soucitní, schopní bezpodmínečně milovat všechny bytosti bez výjimky. Ale jakmile trochu povyrosteme, začnou nás rodiče, učitelé, kazatelé i společnost učit, abychom chovali lásku a důvěru jen ke členům vlastní rodiny nebo nanejvýš k lidem se stejnou barvou pleti.

V důsledku toho jsme už na střední škole jeden od druhého tak odpojení, že se v televizi dokážeme dívat, jak celý národ hladoví, a přitom necítíme ani kapku soucitu jen proto, že ti lidé vypadají jinak než my. Někdy procitneme teprve po vysoké škole (pokud vůbec) a uvědomíme si: „Počkej. Vždyť jsou to taky lidi!"

Připouštím, že jsem se před pubertou cítil hodně vzdálený lidem, kteří byli „jiní" než já. My ale nemusíme zůstávat stejní, jako jsme byli dřív! Dnes se nedokážu dívat ani na chycenou rybu, jak sebou mrská na pláži, aniž bych cítil její trápení, natož abych se dokázal dívat na utrpení jiného člověka.

Někdy v životě nejde o to, že se máme naučit něco nového, jako spíš o to, že se máme něco ODnaučit.

Já jsem jinou verzí tebe a ty jsi jinou verzí mě. A cesta pokračuje. Namaste.

> *„Je snadnější vychovat silné děti,*
> *než opravovat zlomené muže."*
> *– Frederick Douglass*

Klid je možný

Život je někdy jako hlučný fotbalový stadion se všemi vizuálními a zvukovými podněty, které k utkání patří (křik, smích, fanoušci, jídlo, troubení trubek, hráči, rozhodčí i vibrace tvého sedadla...).

Teď si představ tentýž stadion v naprostém tichu a klidu. V takovém tichu, že bys slyšel, kdyby někdo na druhém konci hřiště zašeptal. Takhle dokážu nejlépe popsat, jak se změnil můj svět díky meditaci vsedě. Protože jsem ztlumil zvuk, přestal jsem slyšet hudbu života a začal jsem naslouchat zvukům, které tvoří jeho píseň; místo prostého žití jsem začal život plně prožívat.

A ta pravá krása je v tom, že to nekončí... je to čím dál lepší. Moje smysly jsou citlivější a vnímám i ty nejjemnější změny v sobě. Nedokážu slovy vyjádřit, jak hluboký a neuvěřitelný je to pocit; člověk to musí aspoň na chvíli zažít, aby to opravdu pochopil.

Sedět bez pohnutí na místě možná nezní zajímavě, ale když se tomu každý den věnuješ, výsledky jsou úžasné. Je mír pouhou absencí války, nebo je to klid navzdory konfliktu? Je štěstí absencí utrpení, nebo znamená, že jsme spokojení navzdory všem nedokonalostem světa?

Věřím, že můžeme být šťastni v poničeném světě a že si můžeme uchovat vnitřní klid i uprostřed chaosu. Můžeme se ocitnout v nepříjemných okolnostech a rozhodnout se, že se jimi nenecháme vyvést z míry. Můžeme nacházet radost v ne zrovna ideálních situacích. Štěstí je otázkou volby.

Když mysl přestane hledat potěšení ve vnějších podnětech, nastává klid... hluboká vyrovnanost provázená úsměvem nad pochopením a přijetím všeho, co přichází, bez posuzování a bez odporu. Ten pocit úlevy je víc než jen duševní pohoda; je to božský klid.

„Pomocí meditace a plným soustředěním se na jednu jedinou věc se můžeme naučit nasměrovat pozornost tam, kam chceme."
– Eknath Easwaran

Jsme oběťmi vlastních rozhodnutí

To, kde se právě teď nacházíme, je přímým důsledkem rozhodnutí, která jsme učinili kdysi dávno, před deseti lety i včera večer.

Máme obrovskou osobní zodpovědnost za to, jakým směrem se náš život vydal i kudy bude směřovat do budoucna. Přestože činíme rozhodnutí neustále, ne vždy jsme si vědomi toho, jak dlouhodobé mají důsledky.

Nejdřív si vyjasni, jaký přesně chceš mít život (možná jednoduchý, nekomplikovaný, pohodlný, klidný a šťastný). Potom si pokaždé, než se k něčemu rozhodneš, polož otázku: „Dovede mě to, o čem právě uvažuji, blíž k životu, který si přeji, nebo mě to od něj odvede?"

Opět je rozhodující, abychom zvážili dalekosáhlé důsledky svých rozhodnutí a nesoustředili se jen na okamžité uspokojení.

Tady je háček: cesta NEJMENŠÍHO odporu tě často od cíle oddálí víc než ta zdánlivě namáhavější, ale chůze po rovince špatným směrem je ve výsledku mnohem únavnější a ničivější než stoupání do kopce směrem k euforii.

Na každém tvém rozhodnutí záleží. Pokud třeba kouříš, v budoucnu možná nebudeš moci darovat plíci vlastnímu dítěti. A máš-li víc peněz, než potřebuješ, zatímco někdo jiný nemá ani na jídlo, neměníš svět k lepšímu; přispíváš k jeho současnému stavu. Neexistují zkratky, kterými stojí za to se vydat.

Neobviňuj druhé z vlastních dilemat, ponoř se do svého nitra. Každá okolnost (ať už se zdá být jakkoliv zdrcující) je nejen výsledkem nějaké minulé události, ale je zároveň požehnáním, odneseme-li si z ní ponaučení. Minulost se nemusí opakovat, pokud se ze svých chyb poučíme hned napoprvé.

Chovej se ke každé bytosti, včetně sebe, laskavě a svět se hned stane lepším.

> *„Když se ti do něčeho opravdu chce,*
> *najdeš způsob, jak to udělat.*
> *Když se ti nechce, najdeš výmluvu."*
> *– E. James Rohn*

Utopie

Představ si, že svět je restaurace, ve které všichni pracujeme; jsme skupinou lidí se společnou představou o tom, jak vypadá dokonalý kulinářský zážitek (skvělé jídlo, báječná obsluha a příjemné prostředí).

Každý zodpovídá za něco jiného a žádný úkol není důležitější než ty ostatní; jen společným úsilím se z vysněné utopie stane realita. Jeden vaří, druhý dělá číšníka, další myje nádobí a někdo jiný uklízí toalety, ale všichni dělají, co je v jejich silách, aby restaurace měla úspěch.

Nejdůležitějším (a nejtěžším) aspektem JAKÉKOLIV práce je zaměřit se na vlastní úkol a nedělat si starosti s tím, zda někdo jiný dělá pořádně ten svůj.

Není na nás posuzovat nebo kritizovat, jakou práci odvádí ostatní. Ve chvíli, kdy začneme věnovat víc pozornosti tomu, co dělá (nebo nedělá) někdo jiný, přestáváme přispívat vlastním dílem.

Nejsme schopni ovlivnit chování druhých; můžeme si jedině být vědomi toho, co můžeme udělat každý za sebe, a dělat to dobře.

Tento přístup se dá krásně uplatnit v běžném životě. Viděl jsem řidiče elektromobilů, jak se zlobí na majitele aut se spalovacím motorem, a vegetariány, kteří se chovali vyloženě nepřátelsky vůči svým masožravým bratrům. Všechno je otázkou času, místa a okolností. Ne všichni dozráváme, probouzíme se či dospíváme stejně rychle a opak toho, co víš, je také pravdou.

Buď hodný na sebe, laskavý k druhým a miluj své blízké bezpodmínečně (nejen když se chovají podle tvých představ).

*„Každý je génius.
Ale pokud budete posuzovat rybu podle
její schopnosti vylézt na strom,
prožije celý svůj život v přesvědčení, že je hloupá."
– Albert Einstein*

Nezanechávej po sobě stopy

Jedním z pravidel v kuchyni zenového centra bylo umýt po sobě nádobí, utřít ho a uklidit ho, kam patří (abychom se naučili „nezanechávat po sobě stopy").

Jiní obyvatelé centra občas nechávali nádobí ve dřezu, tak jsem dělal, co jsem považoval za „správné", a uklízel to po nich. Když mě jednou přitom viděla představená kláštera, zamračila se a „pokárala" mě.

„Jak pomáháš druhým, aby se to naučili, když to děláš za ně?" zeptala se. „Nech to nádobí tam, aby ho viděli, až se vrátí."

Bylo zajímavé pochopit, že i laskavost může mít negativní dopad a že někdy ve snaze pomoci napácháme víc škody než užitku, protože nemáme jasno v tom, co pravá „pomoc" vlastně znamená.

Proto v knize Buddhistický tréninkový tábor nenajdeš žádná doporučení typu „měl bys", „měla bys". Nejsem tady od toho, abych ti říkal, co máš dělat, ale abych ti co nejjednodušším způsobem předal, co jsem se sám naučil. Je na tobě, zda něco z toho uplatníš ve svém životě.

Záměrem knihy je inspirovat čtenáře, aby byl tou nejlepší možnou verzí sebe sama, což někdy znamená NEuklízet nádobí po druhých, pokud nechceš, aby se na tebe někdo zamračil.

„Za vším správným a špatným je pole.
Sejdeme se tam!"
– Rumi

LÁSKA A VZTAHY

Láska je oceněním krásy

Květina nepřestává být krásnou jen proto, že kolem ní někdo projde bez povšimnutí, ani nepřichází o svoji vůni, když ji považujeme za samozřejmost. Květina je nadále sama sebou: elegantní, okouzlující a nádherná.

Matka příroda nás obdařila těmito nesmírně cennými učitelkami, které kvetou navzdory svému krátkému životu, hvězdami, jež svítí, i když se na ně nedíváme, a stromy, které si to neberou osobně, pokud jim nikdy nepoděkujeme za kyslík, jenž nám dávají.

I my máme neuvěřitelnou a neomezenou schopnost milovat, ale otázkou je: Dokážeme to dělat jako květiny? Bez potřeby, aby nás někdo obdivoval, zbožňoval nebo si nás aspoň všímal? Jsme schopni naplno otevřít srdce a dávat, odpouštět, oslavovat a žít šťastně bez váhání a bez nároku na to, aby nám to někdo oplácel?

Zdá se, že někdy si nejenom bereme věci osobně, ale jsme přímo zklamaní, když nás druzí nedocení. Jsme zničení, chřadneme smutkem a pak se snažíme ochránit tím, že se defenzivně stáhneme do sebe. Cítíme se ublíženě (nebo přímo naštvaně), když si šéf nevšimne našeho úžasného výkonu, když milovaná osoba odtáhne ruku nebo když kamarád zapomene na naše narozeniny.

Umíš si představit, že by se květina takto vztekala, protože se jí nedostává pochvaly, nebo že by Měsíc ubral na své záři, protože jsme příliš zahleděni do sebe a nevšímáme si ho častěji?

Snaž se zářit bez ohledu na okolnosti, milovat bez podmínek a být laskavou a něžnou duší (i tehdy, když se nikdo nedívá).

A pokud se na to cítíš, obejmi příští strom, který uvidíš, a řekni mu: „Děkuji!".

*„Všechno má svou krásu,
ale ne každý ji vidí."
– Konfucius*

Portrét zdravého vztahu

Vztahy jsou často mylně chápány jako prostý závazek mezi dvěma lidmi; vzájemná oddanost s pocitem sounáležitosti. Tato omezená perspektiva vede k očekáváním, sobectví a zklamání a zavání majetnictvím, chamtivostí, nevědomím a sobeckou touhou.

Zdravý vztah je dohoda dvou lidí o vzájemné podpoře jejich duchovního rozvoje. Je to slib, že budou jeden druhého podporovat ve svých snahách, oddanosti a cestě životem bez jakýchkoli pout či očekávání (zato se spoustou zájmu a soucitu). Zdravý vztah se zakládá na bezpodmínečné lásce, ne na potřebě vlastnit. Ačkoliv do toho vkládáš hodně „srdce", dáváním lásky nic neztrácíš.

Když je každý stejně odhodlaný inspirovat, tvořit, probouzet druhé a obohacovat jejich životy, pak odpadají jakékoli postranní úmysly. Je mnohem méně důležité, co člověk dostává od toho druhého, než co mu dává.

Intimita by se najednou stala něčím víc než jen vřelostí a něžností. Pojala by do sebe i trpělivost, zranitelnost, upřímnost, aktivní naslouchání, pochopení, vzájemné propojení a neochvějnou důvěru.

V takovém spojení je léčivá síla, která umožňuje oběma lidem hlubokou proměnu. Je to nádherná příležitost využívat v praxi to, co se učíme (od nenásilné komunikace přes meditaci, naslouchání, zrcadlení, autenticitu až po odhodlání, naprostou upřímnost, uznání, záměr, rovnost, oslavu a vzájemnost).

Zdravý vztah je jakousi spoluprací dvou pokojných bojovníků, kteří se duchovně podpoří na svých individuálních cestách za šířením pozitivity a světla.

Kéž se nám všem podaří překlenout rozpor mezi tím, v co věříme, a tím, jak jednáme.

*„Milovat neznamená hledět jeden na druhého,
ale pohlížet společně jedním směrem."*
– Antoine de Saint-Exupéry

Můj svatební den

Oženil jsem se 9. září 1999 v Paláci výtvarného umění v San Francisku. Byl jsem mladý, zamilovaný a domníval jsem se, že když se vezmeme ve chvíli, kdy je všechno bezvadné, nedopadneme jako moje rodiče (kteří vlastní manželství popisují slovy „nešťastně až do smrti"), nýbrž zůstaneme mladiství, nadšení, vášniví a optimističtí, „dokud nás smrt nerozdělí". Zmínil jsem, že jsem byl mladý a zamilovaný?

Tehdy ani jeden z nás neměl ve svém okolí vzory zdravého vztahu, zato jsme měli mnoho důvodů pochybovat o tom, že by jakékoliv manželství mohlo dobře dopadnout. (Když jsme se seznámili, dělal jsem asistenta v právnické kanceláři, která se zabývala rodinným právem, a v té době byla rozvodovost v Kalifornii kolem 75 procent).

Rozhodli jsme se, že formulku „dokud nás smrt nerozdělí" z manželského slibu vynecháme. Místo toho jsme řekli, že zůstaneme manželi, „dokud si to oba budeme přát". Naše láska byla totiž bezpodmínečná, ale abychom spolu zůstali, to bylo podmíněno štěstím a ochotou ve vztahu pokračovat. Byli jsme zamilovaní, ale přistupovali jsme k tomu racionálně.

Tak jsme se vzali pod tou nádhernou kopulí v přítomnosti tří set našich přátel a příbuzných a doteď rád vzpomínám na tu úžasnou noc 9. 9. 1999. Jak se ukázalo, číslo devět přece jen nepřineslo „dlouhověkost", aspoň ne nám.

Ačkoliv jsme spolu před svatbou strávili několik let, měli jsme velmi odlišná očekávání a domněnky o tom, co „manželství" vlastně znamená. Tato neshoda názorů nakonec vedla k vzájemné a zdvořilé dohodě rozejít se; dohodě, kterou jsme uzavřeli během partnerské terapie sotva pár měsíců po svatbě.

Ještě několik let po rozchodu jsme zůstali nejlepšími přáteli, ale pak nás vesmír každého zavedl úplně jiným směrem a ztratili jsme kontakt.

Roky jsem se snažil opakovat pozitivní aspekty tohoto vztahu ve svých dalších vztazích. Pak jsem strávil několik let v celibátu a studoval současně psychologii a náboženství. Chtěl jsem pochopit, v co lidé věří a proč tomu tak je.

Když jsem slyšel o muži v letech, který představil svoji partnerku jako ženu kráčející vedle něj, konečně jsem pochopil, co měl na mysli Antoine de Saint-Exupéry, když napsal: „Milovat neznamená hledět jeden na druhého, ale pohlížet společně jedním směrem."

Bylo zřejmé, že mám přijmout nový pohled na vztahy a že dva lidé si ve skutečnosti mohou vzájemně pomáhat na cestě za svými cíli.

Tomu říkám OPRAVDOVÝ vztah.

> *„Nech přijít to, co přichází.*
> *Nech zůstat to, co zůstává.*
> *Nech odejít to, co odchází."*
> *– Papaji*

Pocity vs. emoce

Kamarádka mi jednou zavolala a brečela, protože ji přítel opustil kvůli jiné ženě. Nechápal jsem, proč je tak zničená. „Chceš být s mužem, který tě miluje tolik, jako ty jeho, ne? S někým, kdo by ti něco takového nikdy neudělal, je to tak? A tenhle kluk ty požadavky evidentně nesplňuje, tak proč smutníš?" Nedávalo to smysl. Aspoň mně ne.

Tehdy vyšlo najevo, že můj pohled na emoce se velmi liší od pohledu druhých. Já vnímám emoce jako výmoly na jinak hladké cestě k euforii, zatímco moji přátelé si libují v jízdě na emoční horské dráze (přičemž si na ni stěžují). Nejsem zlý, chladný ani bezcitný člověk; jen se snažím vystopovat původ bolesti, a když zjistím, že si ji dotyčný působí sám, což tak skoro vždycky je, říkám: „Pokud tě to bolí, když se štípeš, přestaň se štípat!"

Mimochodem, moji přátelé mě dobře znají, a když přicházejí pro radu, počítají s tím, že je vrátím nohama na zem. Chápu však, že se moje poznámka může někomu jinému zdát krutá.

Bylo mi řečeno, že pocity přirozeně přicházejí a odcházejí (jako mraky na nebi), zatímco emoce jsou pocity, k nimž se pojí nějaký příběh. A ty emoce trvají tak dlouho, dokud si ten příběh opakujeme, klidně celé roky. Proto dokážu pochopit, když se lidé CÍTÍ smutně, ale velice mě mate, když VYZAŘUJÍ smutek.

Buddhismus nás učí, že připoutáme-li se k nestálým věcem (a pocity jsou dokonalým příkladem něčeho nestálého), bude náš život plný úzkosti. Pokud však prožijeme každou chvíli, aniž bychom se k ní upínali, rovnou tak odstraníme samotnou příčinu veškerého utrpení a můžeme žít radostný život.

Hned jak jsem se začal zabývat Buddhovým učením, mě napadlo: „Tak TOHLE dává smysl! Je to naprosto geniální!"

Přestože to logicky dává smysl, trvá roky, než svou mysl převychováme a naučíme se takto na věci nahlížet (zejména uprostřed vypjatých situací). Všichni se někdy cítíme smutně, ublíženě, naštvaně, nadšeně, nervózně či dokonce blaženě, ale nikdy to netrvá dlouho, a to je v pořádku. Když jeden pocit odejde, jiný ho vystřídá.

Je normální cítit se zklamaně, když věci nedopadnou podle tvých představ, ale jedinou přirozenou reakcí je jít dál. Jakkoli těžké se to někdy může zdát, je to přece jen snazší než lpět na něčem, co už není!

Jediné, co můžeš udělat, je připomenout si, že je na čase se pustit.

„Ztráta iluze nás dělá moudřejšími než nalezení pravdy."
– Ludwig Börne

Sexuální zodpovědnost

Na facebookové stránce Buddhist Boot Camp někdo položil následující otázku: „Jak se buddhismus staví k homosexualitě?"

Odpověď je jednoduchá: buddhismus se vyjadřuje k sexualitě obecně, nemá zvláštní učení o homosexualitě.

Třetí buddhistické pravidlo, které ve své knize „For a Future to Be Possible" krásně přeložil Thich Nhat Hanh, pojednává o tom, jak „pěstovat odpovědnost a učit se způsobům, jak chránit bezpečí a integritu jednotlivců, párů, rodin a celé společnosti". Je o tom, respektovat své vlastní „závazky i závazky druhých" a nepouštět se do „sexuálních vztahů bez lásky a dlouhodobých závazků". Toto pravidlo nabádá každého „dělat, co je v jeho silách pro to, aby byly děti chráněny před sexuálním zneužíváním a páry a rodiny se nerozpadaly z důvodu sexuálního pochybení."

Když je sexuální akt vyjádřením lásky, věrnosti, upřímnosti, vřelosti a úcty, pak třetí pravidlo neporušuje (bez ohledu na to, zda jsou dotyční stejného pohlaví, nebo ne). Dokud je mezi oběma lidmi přítomná láska a vzájemný souhlas, nejedná se o sexuální pochybení.

Jak už to chodí u všech organizovaných náboženství a filozofií, některé jejich skupiny by toto tvrzení bohužel vyvracely. Myslím si však, že Buddha nikoli. Bigotnost obalená modlitbou je stále bigotností, a na to my si nehrajeme!

Stejná odpověď se hodila, když se někdo zeptal: „Můžeš mi říct, jak buddhismus pohlíží na ženy? Nedávno mě něco hodně znepokojilo a chci mít jistotu, že mám správné informace."

Buddhismus ctí všechny bytosti stejně (tečka). Pokud spatříš KOHOKOLIV, jak toto pravidlo porušuje, jeho chování je nelegitimní.

Buddha nás na to připravil, když řekl: „Nevěřte všemu, co vidíte, čtete nebo slyšíte od druhých, ať už jde o autoritu, kazatele či náboženské texty. Najděte svoji vlastní pravdu. Objevte, že existují věci ctnostné a věci nectnostné. Až to sami objevíte, vzdejte se toho špatného a přijměte to dobré."

Takže si jen pamatuj: soucit nezná výjimky.

> *„Je jedno, koho miluješ, kde miluješ,*
> *proč miluješ, kdy miluješ nebo jak miluješ;*
> *hlavně že miluješ!"*
> *– John Lennon*

I krátký rozhovor může vést k velkým změnám

Karolína bydlela ve stejném městě jako její dvě děti (kterým je teď přes dvacet), ale nelíbilo se jí tam. Chtěla se odstěhovat blíž k přátelům v Kalifornii, bála se však, že kdyby to udělala, cítily by se její děti opuštěné.

Dcera i syn věděli, jak nespokojená jejich máma je, a ve skutečnosti chtěli, aby se odstěhovala. Báli se ale, že kdyby ji ke stěhování pobízeli, myslela by si, že ji nechtějí mít nablízku, tak o tom nikdy nemluvili.

O této situaci jsem slýchal od všech zúčastněných stran celé měsíce, až jsem konečně nabídl, abychom se všichni čtyři sešli ke konstruktivnímu rozhovoru pod mým vedením. Taková forma diskuze byla pro ně novinkou.

Během pouhé půl hodiny Karolína přiznala, jak provinile se cítí kvůli tomu, že před lety od dětí odešla a nechala je u jejich táty. Vysvětlila, proč pro ni bylo tehdy tak důležité odejít z toxického vztahu a že kvůli tomu má teď problém děti opustit; měla pocit, že jednou to stačilo.

Dcera se rozplakala a ujistila mámu, že jí nikdy nevyčítala její rozhodnutí z manželství odejít. Zneužívání byla svědkem na vlastní oči a domnívala se, že její máma udělala dobře.

Když promluvil syn, přiznal, že z rozvodu rodičů vždy obviňoval sám sebe. Nevěděl, že ve skutečnosti je velmi běžné, aby se nejmladší potomek rozvedených rodičů takto cítil. Příběh jeho mámy mu nabídl nový úhel pohledu na vlastní život a vztahy.

Nakonec obě děti Karolínu v jejím rozhodnutí odstěhovat se do Kalifornie podpořily. Syn se stal mluvčím proti domácímu násilí a zastáncem projevování úcty k ženám.

Všichni máme hluboko v sobě strachy, úzkosti, stud a výčitky, ale velmi zřídka je sdílíme s lidmi, které milujeme. Jsme-li skutečně odhodláni vyspět jako jedinci i jako společnost, musíme začít být jeden před druhým zranitelní. Takže pokud se domníváš, že je na čase si s rodinou vážně promluvit, začněte tím, že si stanovíte několik základních pravidel, která zajistí, aby všichni mohli sdílet své pocity, aniž by je ostatní přerušovali, soudili nebo obviňovali.

Ukazování prstem ani fráze typu „měl bys", „měla bys" do nenásilné komunikace nepatří. Mohli byste si také přizvat mediátora, který by pomohl s tím, aby rozhovor probíhal v klidném tónu a zúčastnění neodbíhali od tématu.

Buďte na sebe milí a nikdy neznehodnocujte to, co má ten druhý na srdci. Naslouchejte s empatií a mluvte soucitně. Zdravá komunikace může otevřít mnoho dveří a vyvrátit domněnky, o kterých jsme ani nevěděli, že je máme.

> *„Omluva nemusí nutně znamenat,*
> *že ty se mýlíš a ten druhý má pravdu.*
> *Znamená jenom, že si vašeho vztahu*
> *vážíš víc než vlastního ega."*
> *– Anonym*

Léčivá síla lásky

Pokud si myslíš, že láska nestačí, zkus chvíli žít bez ní a uvidíš, že láska je všechno. V našich životech je propast ve tvaru lásky, kterou nezaplní sebevětší množství peněz.

Přátelství živí naše srdce láskou stejně, jako stromy zásobují zemi kyslíkem. Dobří přátelé jsou tedy jako prales lásky.

Stejně jako bychom se bez vzduchu v plicích utopili, člověk v depresi se dusí kvůli nedostatku lásky ve svém srdci. Nikdy nevíš, kdy by náhodný projev laskavosti mohl někomu doslova zachránit život.

Proto se snaž seznámit se sousedy, poznat lépe kolegy a skamarádit se spolužáky. Neznámý člověk je jen přítel, kterého jsi zatím nestačil poznat.

Nikdy nepodceňuj léčivou sílu lásky. Pro naše přežití je stejně důležitá jako jídlo, přitom je zadarmo a k dispozici v neomezeném množství.

Láska je nejsilnější lék.

*„Láska je jediná síla,
která dokáže změnit nepřítele v přítele."
– Martin Luther King Jr.*

NÁBOŽENSTVÍ/DUCHOVNO

Jednoduchá definice Boha

Jak můžeme s jistotou vědět, že věci, které nevidíme, opravdu existují?

Podívej se třeba na obrázek jídla. Chuť, struktura a vůně na fotce vidět nejsou, ale víme o nich.

Naše oči vnímají jen tři dimenze (tak jako kamera zachycuje pouze dvě), tudíž to, díky čemu život existuje, se musí nacházet v dimenzi, kterou zkrátka nevidíme. Energii, díky níž jsme naživu, našich pět smyslů nedokáže zachytit a je velice záhadná. Ačkoliv není pod naším vlivem, věříme, že nás zítra ráno zase probudí.

Ať si to připustíme, nebo ne, jedná se o víru. Máme obrovskou víru v to, že díky této neviditelné energii se bude i za pět minut Země dál otáčet, tráva bude růst a naše srdce budou tlouct. Nevíme to; věříme tomu.

Někteří nazývají tuto životní sílu „Bohem", jiní jí říkají „Vesmír", „Prázdno", „Matka příroda" či „Otec čas". Je jedno, jaký název zvolíš. Hlavní je vděčnost, kterou vůči této síle cítíš.

Bůh není „tam někde" a není třeba ho hledat; Boha můžeme objevit ve svých srdcích.

„Věřím v Boha, jen mu říkám Příroda."
– Frank Lloyd Wright

Božství v nás

Když k sobě pozveme na večeři přátele, snažíme se uvařit něco mimořádného a uklidíme celý dům. Jídlo servírujeme na jídelním stole, k tomu pustíme hudbu a možná zapálíme i pár svíček, abychom vytvořili uvolněnou atmosféru. Máme přirozenou potřebu zajistit, aby se někdo druhý u nás cítil pohodlně a příjemně. Otázkou je: Proč stejnou důstojnost a úctu, s jakou se chováme k druhým, jen zřídkakdy prokazujeme sami sobě?

Až si příště uděláš něco k jídlu, na pár minut si sedni, místo abys jedl vestoje u ledničky (nebo skloněný nad dřezem). Vypni televizi, ukliď jídelní stůl a dopřej si stejnou atmosféru, jakou nabízíš svým hostům.

Stejně jako říkáme „Namaste", abychom vyjádřili, že božství v nás uznává a ctí božství v druhých, vzdávej každý den poctu Bohu v sobě a oslavuj svou vlastní důležitost.

„Zasloužíš si vlastní lásku stejně,
jako si tvou lásku zaslouží
každá jiná bytost v celém vesmíru."
– Buddha

Nebezpečí náboženských textů

Každý náboženský text zachycuje zkušenost někoho jiného s Bohem. I když jeho četba může být inspirativní, nedá se porovnat s vlastním prožitkem božství.

Pojďme si to ukázat na milostných románech: krásně popisují, jak někdo druhý prožíval lásku, ale číst je nebo se dívat na romantické komedie je něco úplně jiného, než se zamilovat ve skutečnosti.

Tak jako každý prožívá jiným způsobem lásku, prožívá jinak i božskost – neboli svůj osobní vztah s Bohem.

Pochopení přichází k různým lidem v různých životních obdobích a rozmanitými způsoby. Na svém oltáři můžeš mít současně vyobrazení Ježíše, Buddhy, Gándhího, Matky Terezy, dalajlámy, Martina Luthera Kinga Jr. a Tylera Durdena, jelikož si vzájemně neprotiřečí. Světoví náboženští vůdci proti sobě nebojují, jak nám Desmond Tutu a Karen Armstrongová neustále připomínají.

Podle Charty soucitu je princip soucitu esencí všech náboženských, etických a duchovních tradic a nabádá nás, abychom se k druhým vždy chovali tak, jak si přejeme, aby se oni chovali k nám.

Neochuzuj se o možnosti svých prožitků jen proto, že jsi o nich nečetl v knihách. Mohl bys pak přehlédnout setkání s Bohem v osobě neznámého člověka, na kterého jsi náhodou narazil v autobuse. Božství je ve všech bytostech, včetně tebe.

Náboženské texty mohou být zdrojem inspirace. Mohou však být i nebezpečné, když je zaměníš za skutečný prožitek. Obdivuj učení, ne učitele.

Nestačí pouze číst o štědrosti; BUĎ štědrý. A nestačí jen mluvit o trpělivosti, soucitu a bezpodmínečné lásce; učiň je součástí svého každodenního života!

> *„Lepšího člověka z tebe nedělá to, v co věříš,*
> *ale to, jak se chováš."*
> *— Anonym*

Modlit se, meditovat, nebo obojí?

Meditace je způsob, jak trénovat mysl, aby zůstala klidná bez ohledu na neustálé změny vnějších podmínek. Modlitbou vyjadřujeme Bohu, Matce přírodě nebo Vesmíru svoji nesmírnou vděčnost za dar života.

Opravdová modlitba je poděkováním za požehnání, kterých se nám dostává; NENÍ příležitostí k tomu, abychom chtivě žadonili o víc. Už máme všechno, co potřebujeme ke štěstí. Tedy i prosba „Bože, dej mi sílu" naznačuje, že sílu nemáme (přestože ji máme). Řekni prostě „děkuji za sílu" a napojíš se na její neomezený zdroj.

Jsme-li vděční za to, co máme, vytváříme energii, kterou se to, zač jsme vděční, násobí. Tudíž se vyhni myšlenkám na to, co NEMÁŠ, protože energie proudí tam, kam soustředíš pozornost (dostalo by se ti tedy jen většího množství toho, co si nepřeješ). Medituj, abys dokázal mysl správně nasměrovat, a zvýší se tvé vnímání věcí, za které můžeš děkovat při modlitbě. Vidíš, jak krásně se tyto dvě praktiky doplňují?

Běžnou otázkou je: „Co je špatného na tom modlit se za světový mír?" Problém spočívá v představě, že za nastolení světového míru je zodpovědný někdo jiný. Mír začíná TEBOU. Proto chceš-li vědět, jak blízko máme ke světovému míru, pohleď do svého nitra.

Modlitba i meditace jsou obě nádherné. Odříkávání modlitby je dokonce častým způsobem meditace. Vezmi si například modlitbu sv. Františka z Assisi, jak ji chápu já:

Uč svoji mysl, aby rozsévala lásku tam, kde je v nitru nenávist; odpuštění tam, kde je křivda; víru tam, kde je pochybnost; naději tam, kde je zoufalství; světlo tam, kde je temnota a radost tam, kde je smutek. Nechtěj tolik být utěšován, jako spíše utěšovat; být chápán, jako spíše chápat; či být milován, jako spíše milovat; neboť kdo se dává, ten přijímá, kdo odpouští, tomu se odpouští, a kdo se vzdává představy odděleného „já", ten povstává k věčnému životu.

> *„Kdyby jedinou modlitbou,*
> *kterou v životě vyslovíš,*
> *bylo ‚děkuji', stačilo by to."*
> – Johannes Eckhart

Vést příkladem

Ježíš byl ctnostný a hluboce věřil v léčivou sílu lásky, v mír a bratrství (podobně jako Martin Luther King Jr., Gándhí a John Lennon, kteří byli všichni zavražděni kvůli tomu, že se pokoušeli rozptýlit naše obavy hlásáním léčivé síly odpuštění, soucitu, trpělivosti a jednoty).

Mylně uctíváme učitele místo jejich učení, děláme z nich idoly, jako by snad byli něco víc než lidi, a vymýšlíme krásné, ale nesmyslně nadnesené příběhy o jejich životech.

Samo o sobě by to nemuselo vadit, pokud by se přitom neodsunul do pozadí význam jejich osobního příkladu.

Svou víru vyjádříme nejlépe tím, že budeme žít jako oni. Budeme milovat své bližní (což zahrnuje veškeré bytosti, nejen ty, které mluví stejným jazykem a mají stejnou barvu pleti); budeme ke každému laskaví; budeme dávat; budeme odpouštět; zbavíme se chamtivosti, nenávisti a nevědomosti; budeme vášniví i soucitní; a budeme věřit, že Bůh ví, co dělá (a že neexistuje nic, čím Bůh není nebo by nemohl být).

Jméno, kterým Boha nazveš, není tak důležité jako úcta, kterou k němu cítíš.

Buďme vděční za učení, důvěřujme procesu a vyhýbejme se extrémům. Žijeme v neuvěřitelně krásném světě a je toho mnoho, zač můžeme být vděční.

Netřeba čekat do 31. prosince, aby sis dal předsevzetí, stejně jako netřeba být v kostele, aby ses mohl pomodlit. Stačí vyjádřit vděčnost za život láskou k Bohu, sám k sobě a k druhým.

Dej si TOTO předsevzetí a nikdy nepoznáš strach.

Každý den se rodí tvé nové já. Jaká předsevzetí si dá?

*„V přesném slova smyslu
neexistují osvícení lidé;
existují pouze osvícené skutky."
– Šunrju Suzuki*

Karma

Kdysi se někdo pokusil vysvětlit zákony karmy (zákony příčiny a důsledku) pomocí metafory. Chtěl, abychom si představili postavu na nebi, která nejenom pozoruje všechny naše skutky, ale také nám žehná za ty dobré a sesílá na nás smůlu za ty špatné.

I když to autor této metafory myslel dobře, karma není rozsudek; je to důsledek. MY za ni neseme odpovědnost.

Pokud například dnes někomu něco ukradneš, musí to být tím, že jsi ještě plně nepochopil, jakou bolest loupež okradenému způsobuje (protože kdybys to chápal, nekradl bys). V podstatě uvádíš vesmír do pohybu; ten zařídí, že někdy někdo okrade tebe, abys měl možnost pochopit, jaké to je.

To se bude opakovat pořád dokola (po dobu mnoha životů), dokud konečně nepochopíš a nerozhodneš se už nikdy nekrást.

Když se nad tím zamyslíš, lze to brát jako úžasnou odměnu, protože je ti dána možnost naučit se něco nového. Proto je vhodné považovat každého, koho potkáme, za učitele.

Buddhismus nejenom ctí životní cestu každého z nás, ale zároveň respektuje, kde se každý na své životní cestě právě nachází. Proto nemáme seznam přikázání, abych tak řekl. Buddhismus nás spíše jemně nabádá k tomu, abychom byli všímavější a vnímavější.

Chceš-li se seznámit s buddhistickými pravidly, můžu ti jen doporučit literární poklad „For a Future to Be Possible", jehož autorem je Thich Nhat Hanh.

Jakou zkušenost sis z minulosti odnesl, ale ještě sis neslíbil, že danou věc už nikdy nikomu (ani sobě) neuděláš?

Můžeš s tím začít dnes?

> *„Jak se k tobě lidé chovají, je jejich karma;*
> *jak na to reaguješ, je tvoje."*
> *– Wayne Dyer*

Poselství, ne posel

Vzpomínám si, jak jsem poprvé slyšel mluvit dalajlámu. Hovořil o sebekontrole, odhodlání a osvobození se od hněvu, a to přesně dva roky poté, co jsem si stejná slova nechal vytetovat na hrudi.

Ačkoliv jsem nikdy neměl název pro soubor hodnot a teorií, které jsem zpočátku považoval za výhradně svoje, najednou bylo zřejmé, že v tom nejsem sám. Mám tomu říkat buddhismus, nebo soucit? A je v tom vůbec rozdíl?

„Mým náboženstvím je laskavost," řekl a já si pořád myslím, že je to nálepka stejně dobrá jako každá jiná.

Byl jsem uchvácen lidmi jako Thich Nhat Hanh, Jack Kornfield a Dan Millman, ale kdykoliv jsem se bavil se svými učiteli a řekl něco ve stylu: „Já prostě miluju Neala Donalda Walsche a Pemu Chödrön. Nejsou úžasní?!", oni se jen pousmáli a řekli: „Opatrně s tím."

Věděl jsem, co tím chtějí říct: zaměř se na učení, ne na učitele.

Dnes máme Facebook, který je úžasnou platformou a komunikačním nástrojem, a my všichni jsme žáky i učiteli. Poslů je všude spousta, poselství je však vždy stejné; poselstvím je LÁSKA.

Nejlepším způsobem, jak skutečně ctít své učitele, je dělat to samé co oni a šířit lásku.

Vezmi si například Buddhistický tréninkový tábor. Já nejsem učitel, pouze sdílím. Jen se s tebou dělím o to, co jsem zažil, a ty si z toho občas něco odneseš. Kapitoly této knihy a zprávy, které zveřejňuji na Facebooku, jsou zápisy z mého deníku, o které jsem se rozhodl podělit se světem. Když s námi pohne příběh někoho druhého, uvědomíme si, že nejsme sami a že jsme si podobnější, než bychom si chtěli připustit. Jedná se o důležitý krok, který nás zbavuje iluze oddělenosti a vzájemně nás sbližuje.

Buddha nebyl Bohem. Nikdy netvrdil, že je Bohem, božím synem ani božím poslem. Byl to člověk, který získal jasný pohled na svět díky pouhému lidskému snažení. A pokud to tehdy dokázal on, my to dnes dokážeme také!

Osvíceným se „nestaneš"; osvíceným neustále jsi! Slovník definuje osvíceného člověka jako toho, kdo má či projevuje racionální, moderní a informovaný rozhled. Osvícení je podmíněno tvým chováním, nikoli tvými názory. Tak se snaž být nejlepší možnou verzí sebe sama.

„Ne každý, kdo bloudí, je ztracen."
– J. R. R. Tolkien

Buddhismus jako stěrač

Buddhismus bývá často špatně pochopen. Vzpomínám si, jak mi táta řekl, že si myslel, že uctíváme sochu „toho tlusťocha", kterou je zvyklý vídat v čínských restauracích.

„Buddha" znamená doslova „ten osvícený" a takových je a byla spousta, ne jenom jeden. Mnoho mudrců procitlo z iluze oddělenosti. My všichni jsme schopni udělat to samé, proto i ty jsi Buddhou (pouze spíme a snažíme se probudit, to je vše). Indové mají vlastní obraz Buddhy, stejně jako Thajci, Japonci a samozřejmě Číňané, jejichž Buddhu často vidíme v restauracích, obklopeného pobíhajícími dětmi. V každém z těch případů se jedná pouze o kulturní vyobrazení naprostého ŠTĚSTÍ tak, jak ho daný národ vnímá, nic víc.

Na Buddhismu se mi moc líbí to, že Buddha byl obyčejný člověk, ne „svatější než ty" nebo něco, čím bychom se my nikdy nemohli stát. Byl jako ty a já. Nebyl Bohem (i když ho některé odnože nazývají „Pán Buddha") ani nebyl ničím výjimečný, dokud se mu obrazně řečeno nerozsvítilo v hlavě. Jakmile pochopil, jakým způsobem je všechno ve vesmíru provázané, skoro každý si myslel, že se zbláznil (někteří si to myslí stále). Pár lidí si však uvědomilo, že přišel na něco krásného, a tak se jeho učení začalo šířit do sousedních zemí (a šíří se dodnes).

Jak už to chodí, když se člověk podělí o jakoukoli ideu, vzniklo mnoho variací – odnoží – buddhismu; některé z nich si dokonce protiřečí. Vzpomínáš, jak jste v první třídě hráli tichou poštu? To je ono!

Buddhistický tréninkový tábor však žádnou odnoží není; držím se jednoduchých zásad ještě z doby, než byly ovlivněny okolní kulturou.

Některým přísadám od různých učitelů jsem se sice nevyhnul, ale dělám, co je v mých silách, abych tomu zamezil.

Je buddhismus náboženství? Záleží na tom, jak pojem „náboženství" definuješ. Nemá žádnou teorii o Bohu (ve smyslu stvořitele) a jakákoliv zmínka o něm se vztahuje k božství v každé bytosti (žádnou vnímající bytost nevyjímaje). Takže pokud náboženstvím je, pak je jiné než všechny ostatní.

Já si buddhismus představuji jako filozofii nebo myšlenkový směr. Můžeš být třeba křesťanem nebo židem, a přesto pro tebe může být Buddhovo učení užitečné a motivační.

Abych to formuloval co možná nejstručněji, Buddha učil, že si sami způsobujeme utrpení tím, že se připoutáváme k nestálým věcem. Lpíme na lidech, na zdraví a mládí, přestože rozumově víme, že nic netrvá věčně. Proto je myšlenka „nechat odejít" v buddhismu tak zásadní. Vnímej všechno, co se kolem tebe odehrává, jako mraky na obloze: některé jsou krásné a nadýchané a vykouzlí nám úsměv na tváři, zatímco jiné jsou temné a nepřívětivé – ale všechny jsou pomíjivé.

V pomíjivosti je krása, kterou však můžeme spatřit jen tehdy, když na ničem neulpíváme a prožíváme každou chvíli s plným vědomím, že skončí a nahradí ji jiná. Pouze tehdy si můžeme užívat každé nadechnutí, namísto abychom smutnili nad tím, co už pominulo nebo co se nikdy nevrátí. Jak to ne zrovna nejcitlivěji vyjádřil Tyler Durden: „Měl bys to vědět. Ne se toho bát. Vědět, že jednoho dne umřeš." V tomto rozlišení podle mě spočívá klíč ke štěstí. Můžeš si zvolit, že budeš šťastný, nebo si můžeš zvolit, že budeš mít strach... volba je každopádně tvoje.

Buddhismus nemá přikázání, která by se musela dodržovat, ani pravidla, jejichž porušování by z tebe dělalo „špatného buddhistu". Všichni buddhisté ani nejsou vegetariáni; sám

Buddha údajně zemřel na otravu vepřovým. Nikdo tě za tvé jednání nepošle do pekla, ale každý čin má své přirozené následky (příčina a důsledek… karma).

Měj pochopení pro to, že každý má svou vlastní životní cestu, a respektuj, kde se každý na své cestě zrovna nachází. Beze strachu, nenávisti, bigotnosti či nevraživosti, pouze s hlubokým porozuměním, empatií, láskou a úctou ke všem bytostem.

Všichni se rodíme se schopností vidět svět bez předsudků a obdivovat jeho krásu a zázraky. Po mnoho let jsme však obklopeni chamtivostí, egem, sobectvím a strachem, které náš pohled zatemní, až přestaneme vidět, že i přes rozdíly mezi námi jsme všichni stejní.

Proto si zkus buddhismus představit jako stěrač, který stírá špínu, jež ti zatemnila pohled; a čím víc budeš číst – čím víc budeš ten stěrač používat – tím víc chvil prozření zažiješ a tím šťastnější budeš. To ti slibuji!

Duchovní praxe ti život neprodlouží; dodá mu však hlubší smysl.

Jsem tvůj bratr, ať si to uvědomuješ, nebo ne, a miluji tě, ať se mnou souhlasíš, nebo ne.

„Pokora neznamená, že si o sobě myslíme méně;
znamená, že myslíme méně na sebe."
– C. S. Lewis

Uč děti přemýšlet, ne co si mají myslet

Když jsem byl malý, ve škole jsme měli Bibli jako povinnou četbu. Vzpomínám si, jak jsem v osmi letech přišel domů a řekl rodičům, že nevěřím, že se všechno v té knize skutečně stalo.

Naštěstí mi tehdy táta dal klíč k samostatnému myšlení. „Nemusíš věřit všemu, co čteš, chlapče," řekl mi. „Prostě ber Bibli stejně jako příběh o Sněhurce nebo o Popelce, jo?"

Ulevilo se mi, že mám svobodu volby, a prohlásil jsem: „Tak v tom případě je to skvělá knížka s úžasnými příběhy a ponaučeními. Líbí se mi!"

Pokračoval jsem v četbě Starého zákona, dokud jsme se nepřestěhovali do Spojených států. Tam jsem se seznámil s mnoha jinými náboženstvími, která jsem začal studovat se stejným nadšením.

Když jsem narazil na následující citát Buddhy, vzpomněl jsem si na to, co mi táta v dětství řekl:

„Nevěřte všemu, co vidíte, čtete nebo slyšíte od druhých, ať už jde o autoritu, kazatele či náboženské texty... Najděte svoji vlastní pravdu a zjistíte, že existují věci ctnostné a věci nectnostné. Až to sami objevíte, vzdejte se toho špatného a přijměte to dobré."

Existuje rozdíl mezi tím, o čem intuitivně víme, že je pravda, a tím, co nás druzí naučili považovat za pravdu. Měj prosím tento rozdíl vždy na paměti!

„Nejsem tím, co se mi přihodilo.
Jsem tím, čím jsem se rozhodl stát." – Carl Jung

Každý je tvým učitelem

Rodiče mě v osmnácti vydědili, protože nesouhlasili s tím, do koho jsem se bezděčně zamiloval.

Vzpomínám si, jak jsem se třásl hrůzou z těch sprostých nadávek, které létaly vzduchem, až nakonec vykřikli: „Už pro nás neexistuješ!" A po tři roky tomu tak bylo.

Ve skutečnosti mi ani nevadilo strávit nějaký čas bez nich, ale nemohl jsem se smířit s tím, že by „nenávidím tě" mohla být poslední slova, která kdy tátovi řeknu. Tak jsem se po všech těch letech bez oznámení stavil u něj v práci. Všeho nechal, objal mě a omluvil se. „Chci tě mít zase ve svém životě," řekl a v tu chvíli jsme začali od nuly; ne nutně jako otec a syn, ale jako přátelé.

S matkou je to ovšem něco jiného. V minulosti jsme zažili pár hezkých chvil, ale ona stále lpí na křivdách ze svého dětství, tak si asi umíš představit, jak čerstvé jí musí připadat něco tak „nedávného" jako událost, která se odehrála před sedmnácti lety.

Zajímavé je, že jsem moc vděčný za ně za oba. Zatímco táta mi neustále ukazuje, jaké to je nelpět na věcech, matčino chování je pro mě stejně cennou ukázkou toho, jakým nechci být. Je to smutné a doufám, že začne odpouštět lidem, o kterých si myslí, že jí kdy ukřivdili, a že jednoho dne se rozhodne odpustit i mně. Zášť je pro naše zdraví jedovatá a mně je líto, že se máma tolik trápí.

Prosím nebuď unáhlený a nevyškrtávej ze svého života lidi, se kterými ses v minulosti nepohodl.

Z neshod se stávají konflikty jen tehdy, jsou-li prolnuty pýchou a egem, a od těch lidé časem upustí. Někdy jim stačí vědět, že už jsi jim odpustil a že tě mohou znovu kontaktovat.

Je pravda, že lidé, kteří s námi souhlasí, nám dodávají pocit pohodlí, ale ti, kteří s námi nesouhlasí, nám poskytují příležitost k obrovskému osobnímu růstu a dozrávání. To mě naučilo vážit si každého jako svého učitele.

„Život bude snadnější,
když se naučíš přijmout omluvu,
kterou jsi nikdy nedostal."
– Robert Brault

Pseudoproblém se zlatým pravidlem

Myšlenka zlatého pravidla je skvělá (chovat se k druhým tak, jak si přejeme, aby se oni chovali k nám). Dnes se ale nechováme zrovna nejlépe ani sami k sobě! Vědomě konzumujeme věci, které nám škodí, děláme práci, kterou nesnášíme, a odpočinkem netrávíme ani z poloviny tolik času, kolik ho trávíme ve stresu.

Když se nad tím zamyslíme, vlastně se k druhým CHOVÁME stejně jako k sobě: špatně! Dáváme dětem nezdravé jídlo, upřednostňujeme cenu před kvalitou, a to i v důležitých věcech, zřídkakdy někomu věnujeme svoji plnou pozornost a od druhých vyžadujeme mnohem víc, než je rozumné či vůbec možné.

Zkusme něco nového: pojďme se ke všem chovat tak, jako bychom se zrovna dozvěděli, že brzy zemřou. Proč? Protože je to zřejmě JEDINÁ situace, kdy dokážeme zpomalit natolik, abychom získali nový náhled na život – buď tehdy, nebo po vlastním prožitku blízké smrti. Buďme laskaví, trpěliví, milí a chápaví.

Všichni míříme stejným směrem, tak se k sobě pojďme cestou začít chovat lépe!

„Projevujte zájem o své bližní. Znáte svého souseda?"
– Matka Tereza

POCHOPENÍ

Opak toho, co víš, je také pravdou

Nemusíš souhlasit se svobodou volby druhých, stačí, že se s ní naučíš žít v míru. Tato svoboda zahrnuje mimo jiné politické názory, náboženské přesvědčení, stravovací návyky, srdeční záležitosti, zvolenou kariéru a negativní emoce.

Naše názory a přesvědčení mají tendenci se měnit v závislosti na čase, místě a okolnostech. A protože každý prožíváme život jinak, existuje spousta teorií o tom, co je nejlepší, co je morální, co je správné a co špatné. Je důležité mít na paměti, že úhel pohledu druhých je stejně odůvodněný jako ten tvůj. Proto první zásada Buddhistického tréninkového tábora zní: opak toho, co víš, je také pravdou.

Ať jsme si jakkoliv jistí vlastní verzí pravdy, musíme s pokorou přijmout možnost, že někdo, kdo věří pravému opaku, by také mohl mít pravdu (v závislosti na jeho čase, místě a okolnostech). To je klíčem k odpuštění, trpělivosti a pochopení. Zároveň tolerance NEznamená akceptovat, co je škodlivé. Často se máme naučit zrovna to, kdy říct „ne", kdy je čas odejít a kdy se máme oddělit od samotné příčiny bolesti. Koneckonců jsme to my, kdo vytváří prostředí, v němž žijeme.

Jak jsem v průběhu let bydlel u různých rodin různě po světě, zaznamenal jsem, že jejich pojetí všedních slov jako „pohodlí" a „čistota" se často velmi výrazně lišilo od toho mého. Ukázalo se, že opak toho, co bylo pravdou pro mě, bylo stejně tak pravdou pro někoho jiného, a to mě naučilo velké pokoře. Mohou-li mít dva lidé velmi odlišné chápání fráze „je to odtud kousek", představ si, jak tomu může být u tak velkých slov jako „správně", „špatně", „Bůh" a „láska".

> *„To, čemu housenka říká konec světa,*
> *nazývá mistr motýlem."*
> *– Richard Bach*

Přepišme příběhy, které vyprávíme sami sobě

Před pár lety mě mí učitelé pozvali, abych strávil poklidný týden návštěvou jejich odlehlého domova na Havaji. Byl jsem poctěn příležitostí trávit čas v jejich společnosti a klást otázky o významu života, o duchovních praktikách a mnišském řádu.

Když jsme s kamarádkou přijeli na jejich ekofarmu a ubytovali se v jurtě, kterou nám vyhradili na spaní, byl jsem ihned rozpolcený dvěma značně protichůdnými reakcemi. Na jednu stranu mi to tam připadalo jako ten nejkrásnější a nejklidnější domov, jaký jsem kdy viděl (bylo to na samotě, uprostřed ticha, kolem samé rybníčky s kapry a lekníny, sochy Buddhy, tibetské modlitební praporky, na kraji pozemku exotické ovocné stromy, to všechno vedle nádherného bambusového lesa a s výhledem na oceán a sousední ostrov Maui). Na druhou stranu kempování nebylo nic pro mě. I když to může znít nesmyslně, měl jsem obrovský strach z hmyzu a bylo mi krajně nepříjemné sdílet s ním svůj životní prostor.

Vím, že to zní hloupě, ale vyrostl jsem v betonových domech, které se pravidelně ošetřovaly postřikem, aby se určila jasná hranice mezi divočinou venku a hmyzuprostým prostředím pro lidi uvnitř. Na farmě však byla tato hranice rozmazaná a někdy neexistovala vůbec. Takže místo abych se na tomto posvátném místě cítil klidně a uvolněně, stočil jsem se do klubíčka a ustavičně měl pocit, že po mě něco leze.

Kamarádka navrhla, abych si o své úzkosti promluvil s našimi hostiteli, ale mně připadalo, že se snad zbláznila. Řekl jsem jí: „Takže já mám teď možnost využít jejich hlubokou moudrost, kterou získali mnohaletým studiem u duchovních učitelů z celého světa a tichým meditováním v indických jeskyních, a ty chceš, abych se jich zeptal na svůj strach z BROUKŮ?!"

Zavrtěl jsem hlavou: „Ani náhodou, to je moc trapné."

V tu chvíli naši hostitelé vešli do jurty s hrncem hrachové polévky, dušenou zeleninou a quinoou a společně jsme si dali večeři u oltáře. Jak jsem tak poslouchal jejich duchovní rady, připadal jsem si, jako bychom seděli u ohně někdy v biblických dobách a já slyšel slovo Boží linoucí se z úst mudrců... bylo to úchvatné.

„Nechtěl ses jich na něco zeptat?" řekla najednou kamarádka nahlas a já si jen přál magicky zmizet, abych se vyhnul následujícímu rozhovoru. Ale nebylo kam utéct a můj neviditelný plášť nefungoval.

„Jak to děláte?" zeptal jsem se. „V koupelně byl pavouk velikosti škorpiona; všude jsou cvrčci a stonožky; po tomto velebném stanu lezou žáby, včely a bůhví co ještě! Přestože si velice vážím, že jste nás sem pozvali, myslím, že tady nemůžu zůstat. Musím odtud pryč!"

Několika málo pečlivě zvolenými slovy mě obratně navedli na to, jak si v hlavě přepsat smyšlenky, které jsem o hmyzu měl. Upravili mé vnímání tak, abych pochopil, že možná to není hmyz, kdo vtrhl do „mého" prostoru, ale já do jeho. „Kdo tu byl dřív?" zeptali se mě a já si hned uvědomil, že mají pravdu. Pavouk byl stokrát menší než já a nejspíš se mě bál víc než čeho jiného. Navrhli, že kdybych si každého zástupce hmyzu, kterého jsem spatřil, zkusil pojmenovat (stonožka Richard nebo včelka Mája), začal bych každého z nich chápat jako něKOHO, ne jako něCO.

Po týdnu na farmě, kdy jsem měl víc než dost příležitostí tento nový pohled na svět procvičovat, mi došlo, že můj strach byl pouze naučeným chováním pramenícím z toho, jak jsem v dětství viděl na hmyz reagovat mámu.

Jakmile jsem našel pomyslnou „stránku", na kterou jsem si kdysi napsal, že hmyz je špatný, mohl jsem ji smazat a napsat si něco jiného: „Všechny vnímající bytosti jsou si rovny."

Dodnes mi hmyz nepřipadá roztomilý, nechovám doma tarantuli ani nic takového. Ale asi o rok později jsem byl na návštěvě u rodičů v tom jejich sterilním domě, a když jsem se bavil s tátou, všiml jsem si, jak se malému pavoučkovi povedlo dostat dovnitř a vlézt mi na ruku. Aniž bych si vůbec uvědomil, co dělám, nechal jsem pavoučka přelézt na druhou ruku a řekl mu: „Ahoj, mrňousi... ztratil ses?"

V klidu jsem ho vynesl ven, kde mi slezl z ruky a schoval se v trávě. Nejspíš se následujících třicet minut čistil, protože se ho dotkl „nechutný člověk".

Když jsem si znovu sedl, abych pokračoval v hovoru s tátou, ten na mě nevěřícně zíral.

Není osvěžující vědět, že ačkoliv jsme se doposud chovali určitým způsobem, nemusíme se tak chovat navždy?

Naše názory jsou pouhými příběhy v našich myslích, které jsme si tam kdysi sami zapsali. Když to víš, necítíš v sobě sílu je přepsat, pokud ti už neslouží?

Prozkoumej, zda se v tvé mysli nenacházejí viry v podobě strachů, úzkostí, předsudků, pochybností, nenávisti či zoufalství, a nalep vedle nich lísteček s poznámkou: „Zastaralé; již neplatí."

„Ze svých chyb jsem se toho tolik naučil, že asi půjdu udělat ještě pár dalších!" – Anonym

Co je pravdou pro jednoho, je rouháním pro druhého

Kdysi jsem považoval Boha, Bibli, náboženství, Ježíše a církev za jedno a totéž. Proto jakmile jsem začal pochybovat o církvi nebo Bibli, začal jsem zpochybňovat existenci Boha – což je prostě hloupost; nemají spolu nic společného.

Je klidně možné (a úplně v pořádku) věřit v Boha, ale ne v Bibli, být věřící, ale nechodit do kostela, nebo dokonce přímo nenávidět církev a náboženství, a přesto milovat Boha. Proč? Protože spolu nemají nic společného! Jedno z největších nedorozumění spočívá v domněnce, že musíme věřit všemu, nebo vůbec ničemu. Proto mnozí volí to druhé (je to určitě snadnější a lákavější, než se zamotat do těch matoucích dogmat).

Je těžké to vysvětlit, tak se mnou měj prosím strpení a nechytej mě za slova, kterými to stejně není možné vyjádřit. Přesto se o to pokusím.

Momentálně to vnímám tak, že „Bůh" není stvořitelem ani není odpovědný za existenci všeho (nevíme, co tím stvořitelem je), je však tou neviditelnou energií, která zajištuje tlukot našich srdcí a fungování našich plic. Ačkoliv se zcela vymyká naší kontrole, věříme, že nás každé ráno probudí. Ať si to připustíme, nebo ne, máme obrovskou víru v to, že díky této energii se bude i za pět minut Země otáčet. Nevíme to; věříme tomu. Věříme v „Boha", ale tato víra nijak nesouvisí s náboženstvím, s Biblí, a už vůbec ne s církví. A je jedno, jak tomu Bohu říkáš, hlavní je vděčnost, kterou k němu cítíš.

Buddhismus se od jiných náboženství odlišuje tím, že nemá žádného „Stvořitele/Boha" ani teorii o stvoření světa. Zeptej se

jakéhokoliv buddhisty, jak vznikl svět, a řekne ti jen: „Nevím."
Takovou upřímnost nejde nemít rád!

Bible je příběhem, který nám líčí, jak někdo druhý prožívá Boha (tu neviditelnou energii, kterou jsme si popsali výše). Přesněji řečeno, Bible je příběhem, v němž někdo jiný vysvětluje své chápání toho, čemu před mnoha lety věřil někdo před ním. Pak byl ten příběh přes dva tisíce let mnohokrát překládán, přepisován, upravován, kopírován a proměňován.

Náboženství vzniká, když někdo vezme koncept Boha tak, jak je popsán v Písmu (jako stvořitele), a vymyslí příběh o tom, proč jsme tady a za jakým účelem.

A církev? No, to je byznys. A jako každý jiný byznys má i ona za cíl zůstat v provozu. Je snadné zavrhnout všechny církve dohromady. Jeden by totiž čekal, že v tom, co hlásají, bude nějaká jednotnost, ale žádná tam není.

Mnohé církve úžasným, neuvěřitelným a krásným způsobem pomáhají lidem ze všech oblastí života, ale jiné stále šíří nenávist a soudí druhé, takže je přirozeně snazší zavrhnout je všechny, než se v tom snažit vyznat. Je mi upřímně líto těch církví, které konají dobro. Jelikož ty druhé jim kazí pověst. Proto nabádám každého, aby konal dobro bez ohledu na příslušnost k jakékoli skupině. Aby to prostě dělal jen tak.

Co se týká Ježíše... Tohoto bratra miluji! Už jsem to říkal a řeknu to znovu: byl to ctnostný muž a hluboce věřil v léčivou sílu lásky, v mír, bratrství a pochopení. Je jedno, zda doopravdy existoval, nebo ne. Mylně uctíváme učitele místo jejich učení, dokonce z nich děláme idoly, jako by byli něco víc než lidi. Vymýšlíme krásné, ale nesmyslně nadnesené příběhy o jejich životech, což by samo o sobě nemuselo vadit, pokud by se přitom neodsunul do pozadí význam jejich osobního příkladu.

Jak říká Gerry Spence: „Mým záměrem je říkat pravdu takovou, jak ji znám já, i když chápu, že co je pravdou pro mě, může být rouháním pro druhé."

Nemusíš souhlasit se svobodou volby druhých, stačí, že se s ní naučíš žít v míru. Tato svoboda zahrnuje mimo jiné politické názory, náboženské přesvědčení, stravovací návyky, srdeční záležitosti, zvolenou kariéru a negativní emoce.

Zároveň tolerance NEznamená akceptovat to, co je škodlivé. Kéž tedy žijí všechny bytosti v míru a kéž jsou všechny bytosti šťastné.

*„Můžeš s jistotou předpokládat,
že sis stvořil Boha k obrazu svému,
pokud se ukáže,
že tvůj Bůh nenávidí stejné lidi jako ty." –
Anne Lamottová*

Pokání

Ve svém životě...

jsem byl sobecký, zatrpklý a nelítostný;

podvedl jsem skoro každého, s kým jsem byl ve vztahu;

ne vždy jsem respektoval závazky druhých;

zabil jsem dvě kočky;

fyzicky jsem zbil a vážně poranil psa;

chodil jsem s tátou na ryby;

lhal jsem rodičům, přátelům, milenkám, učitelům, zaměstnavatelům, vládě i neznámým lidem;

ve škole jsem podváděl při testech;

opisoval jsem domácí úkoly;

porušil jsem mnoho dopravních pravidel;

kradl jsem;

pomlouval jsem;

byl jsem homofobní;

jako dítě jsem pálil mravence a pavouky lupou a v průběhu života jsem dalšími způsoby zabil i jiný hmyz;

vyslovil jsem hrubá slova, která nikdy nemůžu vzít zpátky;

diskriminoval jsem lidi kvůli jejich vzhledu;

přál jsem druhým smůlu;

využil jsem pocit viny k manipulaci;

byl jsem chamtivý;

byl jsem neznalý;

zavíral jsem oči nad válečnými činy;

podílel jsem se na zabíjení zvířat volbou své stravy;

a konzumoval jsem nápoje a potraviny, které škodily mému zdraví.

Nic z toho nelze omluvit.

Je mi to líto.

> *„Pokud neučiníš upřímné pokání za své prohřešky,*
> *je pravděpodobnější, že se jich znovu dopustíš."*
> *— Cheng Yen*

Stále se učím

Naučit se trpělivosti je pro mě v dospělosti tím nejtěžším úkolem.

Když jsem byl malý, nic nevadilo tátovi tolik, jako když jsem stál nečinně s rukama v kapsách. „Je to známka lenosti," říkával. „Dělej něco!"

Teď mi dochází, že mě v zásadě odmalička vychovávali k tomu, dělat všechno rychle a správně, jinak by se „ti nade mnou" naštvali a musel bych nést následky. Pak je možná přirozené, že mě v mládí lákala práce v advokátní kanceláři; prostředí je tam uspěchané, chladné, brutální, nelítostné, náročné a... no, v mnohém se podobá tréninkovému táboru!

Deset let na pozici právního asistenta ze mě však udělalo chladného člověka. Nejenom že se mi velice líbila přímočarost toho, jak mi každý bez obalu říkal, co mám přesně dělat, ale i já jsem se začal k druhým chovat stejně tvrdě. Bylo to koneckonců efektivní a zlaté pravidlo říká, že „se máme k druhým chovat tak, jak chceme, aby se oni chovali k nám", ne?

Chyba.

Zlaté pravidlo neplatí, když si přejeme, aby se k nám druzí chovali jako ke stroji. Nikdy jsem nechápal, proč se někdo nemůže „zachovat jako chlap", abych tak řekl. A dodnes slyším, jak na mě naši křičí: „Neřvi, nebo ti k tomu dám důvod!", a mám z toho husí kůži.

Bohužel jsem kvůli této své urputnosti pokazil skoro každý vztah, který jsem kdy měl. Až díky pobytu v klášteře se skvělými učiteli, kteří vždy věděli, na co mě upozornit, jsem konečně pochopil, co se to ve mně děje.

Z týraného chlapce jsem se sám stal tyranem, a to nejen vůči druhým, ale i vůči sobě.

Naštěstí pro nás, ZMĚNA JE VŽDY MOŽNÁ.

Prvním krokem bylo pochopit (jasně si uvědomit, proč jsem byl takový, jaký jsem byl, a rozhodnout se pro změnu), ale navyklé chování se těžko mění a chce to něco, co mě nikdy nikdo nenaučil: trpělivost.

Život je nekonečná škola, kde je každý naším učitelem a z každé situace si lze něco odnést. Abych se mohl vůbec naučit mít trpělivost s ostatními, musel jsem nejdřív být trpělivý sám k sobě.

Nevyčítám rodičům způsob, jakým mě vychovali (jinak to neuměli, jelikož sami byli pravděpodobně vychováni úplně stejně), a rozhodně nevyčítám právnické profesi její způsob fungování (sám jsem se koneckonců rozhodl stát se její součástí, stejně jako jsem se z ní rozhodl odejít).

Slyšel jsem, že některé advokátní kanceláře začínají opouštět tento způsob práce a začínají na pracovišti uplatňovat techniky nenásilné komunikace. A přiznejme si, je-li naděje pro právníky, je naděje pro nás všechny! (Omlouvám se všem právníkům, kteří jsou vždy terčem vtipu.)

Činíme svá vlastní rozhodnutí a sami si za ně neseme následky. Proto jsem se před pár lety rozhodl být laskavý, milý, trpělivý, chápající, milující a soucitný a jsem na tom stejně jako vy: stále se učím. Děkuji ti za trpělivost.

„Lekce se bude opakovat tak dlouho, dokud se z ní nepoučíš."
– Anonym

Střední cesta

Když věci nedopadnou podle našich představ, začneme buď hledat vnějšího viníka, místo abychom přemýšleli, co jsme mohli udělat jinak, nebo jdeme do druhého extrému a příliš obviňujeme sami sebe.

Existuje zlatá střední cesta, kdy sice zvážíme, jak to mohlo dopadnout, kdybychom byli jednali jinak, ale zároveň se neoznačujeme za neschopné jen proto, že jsme hned od začátku neměli k dispozici všechna fakta.

Je velmi snadné tyto extrémy zpozorovat, když si druzí začnou dlouze stěžovat na všechno, co se nepovedlo, aniž by zvážili, co mohli sami udělat jinak. Trik je ale v tom, přistihnout se, když to děláme MY.

Ze všech sil se snažíme si situaci zdůvodnit, abychom měli z toho, co se stalo, lepší pocit. Ovšem přestože z dané zkušenosti snad vyjdeme s pocitem pravdy, nevycházíme z ní o nic moudřejší.

Když si druzí vyčítají, jak za všechno můžou sami, hned se je snažíme od toho sebeobviňování odvést a začneme jim připomínat, jaké další okolnosti hrály v jejich situaci roli. Tak proč to samé nemůžeme udělat pro sebe, když si MY připadáme naprosto neschopní?

Myslím, že právě proto je tak důležité mít upřímné přátele. Říkají nám, jak se věci doopravdy mají (ať to chceme slyšet, nebo ne).

Jsme-li dostatečně moudří, všechny jejich poznámky zvážíme, poučíme se z nich, dospějeme a zkusíme to znovu.

*„Jestli chceš, aby byl tvůj život úžasným příběhem,
nejdřív ze všeho si uvědom,
že jsi jeho autorem
a každý den máš příležitost napsat novou stránku."
– Mark Houlahan*

Krása šedi

Před několika lety jsem se rozhodl vést jednoduchý a prostý život a domníval jsem se, že musím pečlivě odstranit všechno, co by mi v tom bránilo. V důsledku toho jsem pár let žil jako na houpačce a lítal jsem z jednoho extrému do druhého. Nedocházelo mi, že klid se nenachází ani na jednom konci spektra, ale někde mezi nimi.

Když nestojíš v žádné z krajních poloh, ale přibližně uprostřed, nic tě nedokáže urazit. Je mnohem snadnější mít soucit a hluboké pochopení pro druhé, když od tebe nikdo není daleko.

Takže se klidně obklop lidmi s podobnými názory, kteří ti poskytnou pochopení a podporu, ale nezapomeň si stejně tak, ne-li víc, vážit těch, kteří tě dokážou vytočit. Právě díky nim máš totiž možnost růst a vyvíjet se až do stavu, kdy už tě nic nevytočí.

Teď už vím, že svět není černobílý. Pohybujeme se převážně v šedi.

Kina-ole: jedno havajské slovo, které vyjadřuje všechno. Udělat správnou věc správným způsobem, ve správnou dobu, na správném místě, správnému člověku, ze správného důvodu, se správným pocitem... hned napoprvé!

Žij a nech žít

Na svých cestách napříč Spojenými státy jsem bydlel u různých lidí v různých městech a zaznamenal jsem jednu všeobecnou pravdu: velkou část vlastního utrpení si vytváříme sami.

Vzpomínám si na jednoho z hostitelů; člověk by si řekl, že si báječně sedneme, protože jsme oba měli rádi jógu a farmářské trhy, oba jsme byli vegetariáni, záleželo nám na životním prostředí atd. Ale byl mezi námi jeden velký rozdíl, který nebyl patrný na papíře: on byl aktivistou, který doslova bojoval a protestoval proti každému, kdo nesdílel jeho hodnoty, a já takový nejsem. Rozčilovali ho třeba lidé, kteří jedí maso, řidiči v autech s velkou spotřebou benzínu, a dokonce i já, protože jsem nesdílel jeho pohoršení! Bylo to velmi zajímavé.

Naprosto chápu, proč lidé jedí maso – například proto, že je dobré! Když jsem se v devadesátých letech rozhodl, že ho přestanu jíst, nestali se z mých masožravých bratrů nepřátelé (ani se nesnažím ostatní konvertovat na svůj způsob života a přesvědčovat je, že to, co dělají, je „špatné").

Když se mě někdo, kdo mě zná, rozhodne napodobit a změní jídelníček nebo začne cvičit s nadějí, že se dočká podobných výsledků, je to bezvadné, ale není na mně, abych soudil kohokoliv, kdo to neudělá.

Takto chápu vedení příkladem. Někdo tě následuje, někdo ne. C'est la vie.

Když jsem byl na pár dní na Floridě, jednoho rána se moje neteře probudily a poprosily mě, abych jim udělal snídani. „Co byste rády?" zeptal jsem se a ony na to: „Míchaná vajíčka, strejdo!"

Tak tomu říkám zkouška. Mohl jsem říct: „Ani náhodou! Vajíčka nejím a vy byste taky neměly!" Nebo jsem se mohl prostě zeptat: „Chcete k tomu topinky?"

Připravil jsem vajíčka, jak mě požádaly, a když se mě zeptaly: „Jak to, že ty nemáš vajíčka?", vysvětlil jsem jim, co znamená být vegan a proč snídám něco jiného. Usmály se, kývly hlavou, řekly: „To je hustý!" a pokračovaly ve snídani.

Semínko volby bylo zaseto. Seznámily se s odlišným životním stylem, protože se na něj samy zeptaly, ne protože k němu byly přinuceny. Až nastane vhodný čas a podmínky, semínka vyklíčí a porostou a moje neteře učiní vlastní rozhodnutí. Ve skutečnosti si o týden později zkusily dát k snídani čerstvé ovocné smoothie a moc jim chutnalo!

Můj život je mým poselstvím. Ani facebooková stránka Buddhist Boot Camp, ani tato knížka nejsou věci, které někomu VNUCUJI; jen s jejich pomocí sdílím svoji životní cestu s těmi z vás, kteří se jí ROZHODLI být součástí. To se mi na těchto prostředcích líbí nejvíc. Jak s tím poselstvím naložíš, je na tobě.

Ne vždy se na všem shodneme (to ani nemusíme), ale víme, jak je důležité být jeden k druhému laskaví, vzájemně se neodsuzovat a vnímat ostatní jako lidské bytosti, které dělají, co můžou.

Kdo to řekl „žij a nech žít"? Myslím, že na tom něco je.

„Vzpomeneš-li si na nejšťastnější chvíle svého života, uvědomíš si, že jsi tehdy vždy dělal něco pro někoho jiného." –
Desmond Tutu

Hlasování

Hlasování není něco, co děláme jen jednou za čtyři roky; je součástí každodenního života. Pokaždé, když si něco koupíme, hlasujeme prostřednictvím své peněženky (ať už v potravinách, v nákupním centru nebo na internetu). Například: existuje jeden jediný důvod, proč havajské obchody s potravinami prodávají mango dovážené z Ekvádoru: lidé ho pořád dokola kupují. Tropické ovoce roste přímo tady na ostrově, ale nemůžeme zazlívat obchodům, že reagují na naši poptávku. Pokud však změníme svoje chování a začneme kupovat jen místní mango, pak budou obchody prodávat jen místní mango; je to tak prosté.

Jsi-li například proti násilí na zvířatech, ale přitom kupuješ zubní pastu od výrobce, který na zvířatech svoje produkty testuje, v podstatě podporuješ věc, ve kterou nevěříš. Pamatuj si: lepšího člověka z tebe nedělá to, v co věříš, ale to, jak se chováš! Nehlasujeme jen tím, jaké kupujeme výrobky, ale i tím, za jaké platíme služby. Pokud jsi proti násilí, ale běžíš do kina na nejnovější krvavý trhák, budou se točit další filmy o válce, které budou do světa jen přidávat další násilí.

Udělej si přehled o tom, jak dalekosáhlé důsledky mají tvá rozhodnutí, a ujisti se, že jsou v souladu s tvými hodnotami. Překleň propast mezi tím, v co věříš, a tím, jak se chováš.

„Nestojíš v koloně; JSI SOUČÁSTÍ kolony.
Obviňujeme společnost,
ale sami JSME společností."
– Anonym

ÚSPĚCH

Opravdový luxus

Všiml sis, jak se na každou situaci díváme z relativního úhlu pohledu? Hned přemýšlíme, jak by se daly věci změnit, aby byly lepší, rychlejší, větší, teplejší, výraznější; je to vyčerpávající!

Teď si představ, jaké by to bylo oprostit se od nálepek a hodnocení, nechat všechno přesně tak, jak to je, a nepřát si, aby to bylo jakkoli jinak. Přijmi sám sebe a pak i druhé, aniž bys potřeboval cokoliv měnit.

Pocity a emoce budou nevyhnutelně přicházet i nadále (jak ty příjemné, tak ty nepříjemné). Buddhistický tréninkový tábor ti pouze připomíná, aby ses uvolnil a uvědomil si, že všechno včetně mládí, zdraví i života samotného je dočasné.

Veškeré prožitky jsou pomíjivé jako mraky na nebi: hněv přichází a odchází, nadšení stoupá a klesá a slzy samy od sebe usychají. Proto se uč s něhou pozorovat vlastní pocity a emoce, jak se v tvé mysli objevují a opět z ní odplývají, tak jako auta na rušné ulici.

Zůstaň si vědom toho, co se kolem tebe děje, ale snaž se, aby to tvá mysl nijak nekomentovala. Pozoruj bez posuzování a prožívej život, aniž bys kladl odpor.

Názory se mění, úhly pohledu se rozšiřují a opak toho, co víš, je také pravdou.

Poodstup kousek a dojde ti, že veškerou bolest si působíme sami. Všemu přisuzujeme význam a prostě odmítáme přijmout pomíjivost všech věcí.

Místo abys neustále přemýšlel o tom, co ti v životě chybí, připomeň si (byť na pouhých dvacet minut denně), co všechno už máš: od pohodlné postele přes střechu nad hlavou až po čistý vzduch, pitnou vodu, jídlo, oblečení, přátele, fungující plíce a tlukoucí srdce.

Budeš-li přistupovat ke každému okamžiku s vděčností, nejen že přestaneš prožívat život s pocitem nedostatku, ale zažiješ hojnost!

TOHLE je luxus. TOMU říkám být bohatý!

> „Někteří lidé jsou tak chudí,
> že mají jen peníze."
> – Anonym

Kariéra je přeceňovaná

Pracoval jsem v korporátní Americe a každý měsíc posílal tisíc dolarů z výplaty, abych si postupně splatil obrovský dluh, který jsem měl na kreditní kartě.

Jednoho dne jsem si uvědomil, že už mi zbývají jen dvě splátky do chvíle, kdy budu poprvé za svůj dospělý život bez dluhů.

„Co budu každý měsíc dělat s tou tisícovkou navíc, až nebudu muset splácet dluh?" říkal jsem si. Začal jsem vymýšlet všelijaké bláznivé způsoby, jak tu částku utratit, až se mi najednou rozsvítilo a uvědomil jsem si, že si těch tisíc dolarů měsíčně „navíc" vlastně nemusím vydělat. Mohl bych dát výpověď, změnit způsob života, méně pracovat a víc žít!

Stala se z toho zábavná hra na téma „Jak malá částka mi stačí na to, abych se uživil, a přitom si užíval?". Jasnou volbou pro mě tehdy bylo odstěhovat se na Havaj (i když si mnozí myslí, že je tam bydlení moc drahé), protože všechny moje oblíbené venkovní aktivity jako tenis, volejbal, turistika, cyklistika a jízda na kajaku jsou nejen zábavné a zadarmo, ale dají se tam provozovat celý rok!

Prodal jsem všechno, co jsem kdy vlastnil, a odstěhoval se na Havaj bez jakýchkoli úspor, ale taky bez dluhů, odhodlaný vést jednoduchý a prostý život.

Už je tomu přes šest let a pořád se mám skvěle.

Jistě, mohl jsem dál pracovat na plný úvazek a peníze „navíc" dávat na pomoc druhým. Je ale mnoho způsobů, jak někomu pomoci, které s penězi nijak nesouvisí (můžu třeba věnovat svůj čas, dovednosti, talent a obětavost). Například osamělá stará paní, která se v nemocnici zotavuje z mrtvice, nemusí nutně potřebovat peníze; potřebuje, aby ji někdo držel za ruku, a tu jí já můžu nabídnout, když teď pracuji jen na částečný úvazek!

Práce od devíti do pěti není jedinou definicí úspěchu.

„*Člověk obětuje zdraví, aby vydělal peníze.*
Pak obětuje peníze, aby zdraví znovu nabyl.
Pak se tak znepokojuje budoucností,
že si neužívá přítomnost.
V důsledku toho nežije ani v přítomnosti,
ani v budoucnosti;
žije, jako by nikdy neměl zemřít, a pak zemře,
aniž by kdy předtím opravdu žil."
– Dalajláma, když se ho zeptali, co ho nejvíc překvapuje

Kdy odejít

Na začátku devadesátých let jsem pracoval ve společnosti, která se zabývala vývojem softwaru. Manažeři na nás křičeli a nadávali nám, doslova házeli přes celou místnost hromady papírů a řvali: „Roztřiďte to!" a neustále se před očima nás všech mezi sebou hádali. Tu práci jsem tak nenáviděl, že jsem o přestávkách brečel na záchodě. Vydržel jsem tam rok, protože jsem si myslel, že se mi bude název firmy hodit do životopisu. Dopadlo to tak, že měsíc po mém odchodu zkrachovali a všem bylo jedno, že jsem tam kdy pracoval.

Buddhismus nás učí být tolerantními a chápavými, ale tolerance NEznamená akceptovat to, co nám ubližuje. I když si myslíš, že zůstávat v situaci, která ti škodí, má nějaké výhody, zvaž to prosím znovu. Týrání není nikdy oprávněné a my druhým dovolujeme, aby s námi zacházeli s neúctou pouze tehdy, když sami sebe dostatečně nemilujeme. Když se máš rád, můžeš dělat cokoli důstojně a být za to náležitě oceněn, nebo můžeš uplatnit své dovednosti jinde.

Být úspěšný znamená být šťastný a nikdo si nezaslouží nenávidět to, čím se živí. Proto se měj rád natolik, abys pokaždé zvolil štěstí, a budeš tím nejúspěšnějším člověkem na světě!

„Tolerance neznamená akceptovat to, co nám ubližuje."
– Timber Hawkeye

Být úspěšný znamená být šťastný

Pokud pracuješ na plný úvazek a máš pocit, že žiješ jen na částečný, nebude to náhodou tím, že kariéra je přeceňovaná?

Až budeme zpětně hodnotit život, nikdo asi neřekne: „Měl jsem trávit víc času v kanceláři." Tak proč děláme z práce prioritu? Je-li to tím, že za úspěšné považujeme lidi, kteří tvrdě pracují a vydělávají spoustu peněz, pojďme to přehodnotit! Tito lidé často čelí velkému stresu, mají vysoký krevní tlak, potíže se srdcem, žaludeční vředy, bolesti hlavy a poruchy spánku... Zní tohle jako úspěch?

Jedinými, kdo svoji práci opravdu milují, jsou ti, kteří našli svoje poslání. Co ty, našel jsi ho? Víš, práce od devíti do pěti není jedinou definicí úspěchu. Nedopusť, aby v tobě představa změny vyvolala větší strach než vyhlídka na to, že zůstaneš nespokojený!

Ve slovníku je „povolání" uvedeno jako synonymum pro kariéru a nikdo není povolán k tomu, aby nenáviděl to, čím se živí. Pokud být úspěšný znamená být šťastný, myslíš, že jsi na správné cestě?

„Rozdíl mezi tím, kým jsi, a tím,
kým chceš být,
je v tom, co děláš."
– Anonym

Nová definice „dostatku"

Jasně, bylo by fajn chodit každý den do restaurace, spát na mnohem pohodlnější matraci, mít modernější mobil a počítač, vlastnit masážní křeslo a moct častěji cestovat, ale nechci pracovat 40 hodin týdně, abych na to měl.

Nemám pocit, že bych o tyto věci přišel, když jsem se rozhodl pracovat 20 hodin týdně. Jen jsem je vyměnil za něco, co já osobně chci ještě víc: končit v práci v poledne, chodit plavat, jezdit na túry, věnovat se dobrovolnictví, hrát tenis a volejbal, psát, číst a tak dál. Tohle všechno bych dělat nemohl, kdybych měl 40hodinový pracovní týden. Z „věcí" radost nemám, ale všechen ten volný čas jednoznačně svědčí mému zdraví (mentálnímu, duchovnímu, fyzickému i emočnímu).

Je to o tom, čeho chceš mít v životě VÍC, a zda se podle toho dennodenně rozhoduješ, víš?

Rozhodujeme se sami; následky si neseme taky sami. Jsou lidé, kteří milují svou práci na plný úvazek, a to je podle mě úžasné. Ale co kdyby víc lidí přešlo na 20hodinový pracovní týden? Hned by se zdvojnásobil počet zaměstnaných a ti by automaticky měli dvakrát větší radost ze všeho toho volného času, který by mohli trávit s rodinou a přáteli. Jsem blázen, když si myslím, že TOHLE potřebujeme mnohem víc, než si kupovat další a další VĚCI?

Je rozdíl mezi tím, za kolik se dá něco koupit, a tím, co nás ta věc stojí. Například nový smartphone KOUPÍŠ asi za 10 000 Kč, ale STOJÍ tě dva týdny práce (pokud vyděláváš podobně jako já).

Často dostávám e-maily ve stylu „Nesnáším svou práci a chci si zjednodušit život, ale tu práci POTŘEBUJI, abych měl na povinné ručení, na splátky za auto, na vyúčtování za mobil, na hypotéku, na životní náklady atd." Na což pouze odpovídám, že smartphone, auto na splátky i další výdaje navíc jsme si všechny sami zvolili a stojí nás nejen peníze, ale hlavně to, co musíme DĚLAT, abychom za ně mohli zaplatit.

Zkus si jeden celý den nestěžovat – a pak po zbytek života!

> *„Jednoho dne se probudíš a zjistíš,*
> *že už ti nezůstal žádný čas na to,*
> *abys dělal věci,*
> *které jsi vždycky chtěl dělat.*
> *Dělej je teď!"*
> *– Paulo Coelho*

Jednoduchý život

Tento příběh mi vyprávěl táta, když jsem byl malý, a přestože ho mnozí z nás už někdy slyšeli (autorem je Heinrich Böll), myslím, že by stálo za to vyprávět ho pravidelně, zejména všem maturantům na středních školách. Užij si ho!

Kdysi dávno byl jeden bankéř na letní dovolené v malé vesničce u moře. U mola si všiml malé loďky a v ní rybáře s hrstkou čerstvě ulovených ryb. Zeptal se rybáře, jak dlouho mu trvalo, než ryby chytil, a muž odvětil, že strávil na moři jen pár hodin.

„Tak proč jsi tam nezůstal déle a nechytil víc ryb?" zeptal se bankéř.

Rybář odpověděl, že každý den jich naloví právě tak dost na to, aby uživil rodinu, a pak se vrátí pro další.

„Ale vždyť jsou teprve dvě hodiny odpoledne!" podivil se bankéř. „Co děláš ve zbývajícím čase?"

Rybář se usmál a řekl: „No, každý den dlouho spím, pak trochu rybařím, vrátím se domů, hraju si s dětmi, odpoledne si zdřímnu, pak večer zajdu s manželkou do vesnice, kde relaxujeme, hrajeme s kamarády na kytaru, smějeme se a zpíváme dlouho do noci. Mám bohatý a skvělý život."

Bankéř se zatvářil povýšeně: „Já jsem obchodník z New Yorku! Řeknu ti, co bys měl dělat místo toho, abys takhle marnil život! Měl bys chytat víc ryb, ty prodávat a pak si z výdělku koupit větší loď, abys mohl chytat ještě víc ryb!"

„A co pak?" zeptal se rybář. Bankéř se celý rozzářil a začal nadšeně vysvětlovat: „Pak si můžeš koupit celou flotilu rybářských lodí, zřídit si firmu a vydělávat hromadu peněz!"

„A co pak?" chtěl opět vědět rybář, načež bankéř rozhodil rukama a prohlásil: „Vyděláš miliony! Budeš moct opustit tuto vesnici, odstěhovat se do města a řídit firmu odtamtud!"

„Jak dlouho by to všechno trvalo?" zeptal se rybář. „Patnáct až dvacet let!" odvětil bankéř.

„A co pak?"

Bankéř se zasmál a řekl: „To je na tom to nejlepší. Pak můžeš firmu prodat, odstěhovat se do malé vesnice, ráno vyspávat, trochu rybařit, hrát si s dětmi, odpoledne si zdřímnout, po večeři chodit s manželkou na procházku, relaxovat, zpívat a hrát s kamarády na kytaru. Měl bys bohatý a skvělý život!"

Rybář se na bankéře usmál, tiše sebral úlovek a odešel.

„Žij jednoduše, aby ostatní mohli jednoduše žít."
– Gándhí

Vědět ještě neznamená mít vyhráno

Nikdy neuděláš stejnou chybu dvakrát. Podruhé to už není chyba, ale tvoje volba. Ve své podstatě jsme řadou špatných rozhodnutí.

Kdyby samotné vědění přinášelo moudrost, pak by každý senior byl zenovým mistrem. Uvědomění nespočívá v tom, co víme, ale v tom, jak s vědomostmi nakládáme. Když budeš meditovat, aby byly vnímající bytosti osvobozeny od svého utrpení, nestane se z tebe buddhista, stejně jako z tebe nebude milionář jen proto, že tě napadne koupit si lístek do loterie. Vnímej tedy setkání s každým člověkem v nouzi jako příležitost k poskytnutí pomoci, a pak budeš vnášet soucit do skutečného života.

Buddhistický tréninkový tábor tě nabádá pustit se do práce a reálně pomoct každému v nouzi; a sladit své zvyky s tím, co už víš, že je správné. Všechno začíná u tebe a tvých rozhodnutí. Nejdřív se podívej na své vzorce chování a stravovací návyky a rozhodni se, jak co nejefektivněji využít svůj čas, peníze a nadání ve prospěch druhých.

Představ si, že každý člověk, kterého potkáš, je sám Buddha, a nebudeš vůči nikomu projevovat chamtivost, nenávist ani neúctu. Přestaň se tak urputně snažit o to mít vždycky pravdu nebo dokazovat, že jsi lepší než ostatní, a místo toho se snaž navazovat s lidmi vztahy. Jsme všichni na jedné lodi. Odpověz mi na tohle: Co škodí tvému zdraví? Proč to pořád děláš?

"Všichni znají Cestu, ale málokdo po ní opravdu kráčí."
– Bódhidharma

HNĚV, NEJISTOTY A STRACHY

Zdroj našeho utrpení

Abychom snížili množství stresu, kterému v životě čelíme (a stejně tak hněvu, strachu, zklamání, úzkosti a nesnášenlivosti), je potřeba začít tím, že snížíme svá očekávání.

Jestli tě rozčiluje pomalý provoz na silnici, jsi otrávený z toho, že se úředník v bance „moc dlouho" věnuje těm před tebou, urazíš se, když ti kamarád zapomene popřát k narozeninám, nebo jsi zklamaný, že se obloha nevyjasnila v den, na který sis naplánoval piknik, vezmi na vědomí, že většina tvých očekávání je zcela nesmyslná a sebestředná.

Pokud nečekáme, že film bude úžasný, nejsme tak zklamaní, když nakonec není nic moc. Taky se nic neděje, když nevyhrajeme v loterii, pokud jsme s tím ani nepočítali. A kniha pro dospělé může mít i smutný konec. Nemáme-li očekávání, nezdeprimuje nás, když se rande naslepo nepovede nebo když je avokádo uvnitř hnědé. Přemýšlej: jediným důvodem, proč tě každý den nezklame, že ve schránce nemáš milostný dopis, je to, že s žádným ani nepočítáš.

V případě našich nejbližších stačí k upevnění zdravého a dlouhodobého přátelství jednoduchá dohoda nikdy si záměrně neubližovat. A když jeden od druhého očekáváme tak málo, máme pak chuť dělat toho víc.

Měj trpělivost s pokladními v obchodech a s číšníky v restauracích. Možná jsou pomalejší, než by sis přál, protože jim není dobře nebo je bolí hlava. Třeba zrovna dostali špatnou zprávu nebo je to jejich první týden v práci. Problém není v tom, jak rychle nebo pomalu pracují; problém spočívá v tvém očekávání. Je dokonce možné, že mají nějaké fyzické postižení a rychlejší ani být nemůžou. Měj trpělivost.

Jsme otupělí společností, která sází na doručení do druhého dne, na expresní pokladny, nepřetržitou zákaznickou podporu, na letadla, jízdní pruhy s předností jízdy, okamžité slevy, rychlé zprávy a instantní kávu. Jsme navyklí, že dostaneme, co chceme, jak to chceme a hned, a zároveň se pro nás stalo normálním neustále zrychlovat, dělat několik věcí najednou, rychle číst a kupovat si oběd z okénka auta. Tak nám v životě nezbývá žádný prostor k tomu, abychom se naučili trpělivosti, toleranci, naslouchání nebo vědomému dýchání.

Lidi, zpomalte, přivoňte si k pluméríím a žvýkejte pořádně jídlo!

Jedině tehdy můžete být laskaví k sobě i k druhým.

> *„Když se zbavíš představy,*
> *že svět by ti měl plnit přání,*
> *zmizí i tvá zklamání."*
> *– Dan Millman*

Původ hněvu

Hněv je jako maska, za kterou se skrývá emoční bolest nebo strach. Až se příště naštveš, zkus vypátrat původ svého hněvu ve zklamání, studu, strachu, pocitu ublížení, v netrpělivosti nebo rozpačitosti. Namísto hněvu samotného se nauč šikovně interpretovat TYTO emoce, a jakmile porozumíš tomu nedorozumění, rychle se zklidníš.

Stalo se jaksi společensky přijatelným vyjadřovat na veřejnosti vztek a podráždění. Je v pořádku křičet, práskat dveřmi, ukazovat prostředníček nebo vztekle vyrazit z místnosti. Citlivost a zranitelnost se však z nějakého důvodu stále vnímají jako projevy slabosti (zejména u mužů), ačkoliv zachovat se upřímně a laskavě vyžaduje mnohem víc odvahy, než se nechat unést špatnou náladou.

Pokud nám hněv poslouží jako motivace ke změně a posílí naše odhodlání, může vlastně neškodným způsobem popohnat naše dobré úmysly. Když ale k hněvu nepřistupujeme opatrně, může se proměnit v nenávist a vztek, což je nejen neproduktivní, ale i nebezpečné.

Až budeš příště zklamaný nebo podrážděný, zamysli se na chvíli, čeho bys chtěl dosáhnout, a zjistíš, že křikem nebo jiným projevem hněvu ke svému cíli dojdeš jen málokdy, pokud vůbec. VYSVĚTLI svůj hněv, nevyjadřuj ho, a hned se ti otevřou dveře k řešení a pochopení.

Mnozí říkají, že se to „snadněji řekne, než udělá". Když ale zvažuješ, jak je určitý proces snadný, nebo obtížný, nikdy nezapomeň vzít v potaz nevýhody jeho alternativy. Naučit se zdravě vyjadřovat své pocity může být jistě obtížné, ale je mnohem škodlivější ztratit nervy nebo v sobě potlačovat vztek.

Vzpomeň si na Freudovu poučku, že „zakopaná bolest se nerozkládá".

Vděčnost je protijedem na hněv. Nemůžeme být rozhněvaní a vděční zároveň (jedno ruší druhé). Proto pokaždé zvol vděčnost, neboť ta vždy vnese do tvé mysli klid.

> *„Nikdo tě nemůže přimět k tomu,*
> *aby ses cítil méněcenný,*
> *bez tvého souhlasu."*
> – Eleonor Rooseveltová

Dva vlci

Připadá mi, jako bych existoval ve dvou verzích: jedna je klidná, pravdomluvná, štědrá, odpouštějící, harmonická a moudrá, zatímco ta druhá je někdy lakomá, sobecká, nepoctivá a hádavá. Když se ráno probudím, pozdravím je obě dvě, ale pak si slíbím, že po zbytek dne budu poslouchat jen tu moudřejší.

Vtipné na tom je, že ta sobecká část mého já je hlasitá, protivná a neustále vyřvává: „Poslouchej mě, poslouchej mě!" Zato ta nesobecká jen tiše sedí jako Buddha, vědoucně se usmívá a myslí si: „Víš, co máš dělat..."

Věřím, že obě tyto verze jsou v každém z nás a že všichni máme schopnost být jednou i druhou. Volbu činíme každým svým rozhodnutím.

Je to jako v tom indiánském příběhu, který vyprávěl stařec svému vnukovi. „V každém z nás svádí boj dva vlci. Jeden je zlý (to je hněv, závist, chamtivost, zášť, pocit méněcennosti, lež a ego) a druhý je dobrý (to je radost, klid, láska, pokora, laskavost, empatie a pravda)." Když se chlapec zeptal: „A který vlk zvítězí?", stařec tiše odpověděl: „Ten, kterého krmíš."

„Je lepší mít mysl otevřenou údivem
než zavřenou přesvědčením."
– Gerry Spence

Poznej protijed

Ke strachu přistupuji stejně jako skoro ke všemu ostatnímu v životě: s protijedem. Je to takhle: například hněv a vděčnost nemůžou existovat v jedné myšlence zároveň; je to kognitivně nemožné. Když se třeba naštveš na svého manžela, v tu chvíli přestáváš být vděčná za to, že ho vůbec máš ve svém životě; hněv však mizí, jakmile se vrátíš k pocitu vděčnosti. Je to jako kouzlo: vděčnost je protijedem na hněv.

V čem spočívá trik? Místo abys veškerou energii soustřeďoval na to, jak se „zbavit hněvu", zaměř ji na posilování vděčnosti... a hněv sám od sebe ustoupí.

Na strach také existuje protijed a doufám, že mě teď dokážeš sledovat.

Roky jsem záviděl lidem, kteří žijí s vírou, jelikož mi logika bránila v tom, abych víru pochopil. To mi vadilo, protože jsem slýchal, že když živíš svou víru, všechny tvé strachy zemřou hlady. Teď vím, kolik je na tom pravdy.

Mít „víru" znamená důvěřovat procesu. Protože díky NĚČEMU zrovna teď tluče tvé srdce, fungují tvé plíce, roste tráva a otáčí se planety. Takže ať si to připustíme, nebo ne, máme VÍRU. Věříme, že nám srdce bude tlouct dál a že se zítra ráno znovu probudíme. NEVÍME to; VĚŘÍME v to. Tak důvěřuj procesu a nepřehlížej tu obrovskou víru, kterou v sobě máš. Je to v pořádku. Neznamená to, že tvoje víra musí být spjata s nějakým náboženským vyznáním. Například já, Timber Hawkeye, jsem věřící bez vyznání.

Proč je tak důležité uznat, že v něco věříme? Protože víra je protijedem na strach.

Víme už, že energie proudí tam, kam obracíme svou pozornost. Budeš-li tedy krmit své strachy, porostou. Budeš-li však krmit svou víru, strachy nebudou mít co jíst a časem zemřou. Problém je v tom, že strach je nám vštěpován od raného dětství, jen každému v odlišné míře v závislosti na naší výchově, kultuře, rodině atd.

Zkus tedy ve svém „boji se strachem" změnit směr: nemysli na to, že se ho máš zbavit; zaměř se na posilování víry... a strach zmizí sám od sebe.

Je to jako kundalini jóga, jestli jsi ji někdy zkoušel. Je při ní potřeba velice rychle dýchat a to, jak se snažíš rychle nadechovat a vydechovat, může být zdrojem mnoha frustrací. Jak ale říká můj instruktor jógy, soustřeď se jen na výdech; nádech přijde automaticky.

Důvěřuj procesu, příteli. Dovol, aby se věci děly (stejně se dít budou). Když máš víru v proces, věříš vlastně, že je v pořádku, aby byli lidé jeden od druhého odlišní, že ať se nám to líbí, nebo ne, všechno, co se na světě děje, má svůj důvod a že opak toho, co víš, je také pravdou. Důvěřuj. Procesu.

Na Zemi panuje rovnováha a harmonie (severní a jižní pól) a tu potřebujeme, aby se všechno nevymklo kontrole, že?

Tak se soustřeď na posilování víry a obavy zmizí samy od sebe. Vyzkoušej to s tím dechem... myslím to vážně. Zavři ústa a velice rychle se nosem nadechuj a vydechuj. Nemusí to být náročné, POKUD se zaměříš jen na výdech a spolehneš se na to, že nádech přijde bez námahy.

> *„Být milý na ty, které moc nemáš v lásce,*
> *není pokrytectví; je to projev dospělosti."*
> *– Anonym*

Nikdy není pozdě

Anna vždy snila o tom, poznávat svět za hranicemi svého rodného města. Představovala si, jak bydlí někde v malém bytě a každý den ji probouzí sluneční paprsky.

Ale místo aby se rozhodla odstěhovat, roky přečkávala jednu životní situaci za druhou, takže zůstala s manželem, dokud od ní neodešel, patnáct let pracovala na stejném místě a nové auto si koupila, až když se to staré rozbilo. Nedocházelo jí, že NEDĚLAT žádná rozhodnutí je vlastně dost velkým rozhodnutím samo o sobě.

Na druhou stranu její sestra Blanka zvolila kariéru co nejdál od domova a její nejlepší kamarádka Jana odjela na výlet do Evropy, kde se pak rozhodla zůstat.

I zdánlivá maličkost, jako je rozhodnutí, nám může dodat velkou sebejistotu. Cítíme, že máme situaci pod kontrolou (ne, že jsme její obětí), a když se něco změní, měníme se také. Tuto pružnost a dynamičnost nezískáme přes noc. Mezi okamžikem, kdy potřebujeme učinit rozhodnutí, a momentem, kdy ho skutečně učiníme, je prodleva, a ta je skoro vždy plná obav. Bojíme se změny a neznáma, a tak lpíme na minulosti, která už není, a snažíme se vyhnout budoucnosti, která je nevyhnutelná.

Avšak to, že o problému víme, ho ještě neřeší. Zde se můžeme nechat inspirovat lidmi, kteří žijí podle jiných pravidel. Nežijí v jiném světě než my ostatní; jen se na ten samý svět dívají z jiné perspektivy.

Například Blanka byla naplněna sebejistotou a odvahou a Jana si na cestu do Evropy nesbalila strach (nechala ho doma). Anna racionálně věděla, že když to dokázala její sestra i nejlepší kamarádka, může ve svém životě udělat zásadní změny i ona. A nakonec je udělala!

Úplně nejdřív vyřadila ze svého života všechno, co ji naplňovalo strachem, nejistotou, paranoidními pocity a úzkostí (tj. televizi). Byla to pro ni velká změna, protože byla zvyklá dívat se na ranní zprávy před odchodem do práce a zprávy poslouchala i v autě.

Jak už to bývá, zprávy ji dennodenně bez výjimky dokázaly od rána do večera bohatě zásobovat úzkostí (ať už šlo o epidemii nového druhu chřipky, střelbu v nákupním centru, otravu špenátem, bezpečnostní výstrahu na letišti, blížící se bouřku, fruktózový sirup v kávě či lékařskou studii o tom, že barvy na vlasy způsobují rakovinu).

Jako by snad tohle nestačilo, Anna měla ještě ve zvyku dívat se na noční zprávy před spaním, což ji kupodivu naplňovalo vděčností za to, že je stále naživu, protože zatímco byla v práci, všichni ostatní byli podle všeho zavražděni, znásilněni, okradeni nebo uneseni.

Darovala televizi nedalekému domovu pro seniory, zrušila předplatné novin a místo toho začala číst knihy na téma, jak být šťastný. Pravidelně si volala s Blankou a Janou a ty byly nadšené ze změn, které Anna do svého života zaváděla. Nabádaly ji, aby dál vyhledávala aktivity, které ji naplňují láskou, lehkostí a pozitivitou, a aby se zbavila všeho, co jí nahání strach (včetně kamarádky Gábiny, která každého podezřívala, že jí chce ukrást identitu, nějak ji využít nebo se jí snaží dostat do počítače).

Anna sebrala dostatek odvahy, dala výpověď, odstěhovala se z New Hampshire a začala studovat. Objevila, jak prospěšná je pro lidskou psychiku zdravá strava, a teď učí jógu na pláži v Honolulu.

Dnes je Anna zdrojem každodenní inspirace mnohým turistům, kteří navštěvují její lekce jógy. Pobízí je k tomu, aby skoncovali s rutinou, učinili rozhodnutí a změnili svůj život.

Blanka a Jana nedávno Annu u příležitosti jejích narozenin překvapily na pláži během jedné její lekce jógy.

*„Nikdy neodrazuj člověka,
který dělá neustálé pokroky,
bez ohledu na to,
jak pomalé."*
– Aristoteles

Sebeovládání

Uč se naslouchat druhým, když mluví o svých názorech, aniž bys je přerušoval. Naslouchej katolíkům, židům, buddhistům, mormonům, anarchistům, republikánům, členům KKK, heterosexuálům, homosexuálům, těm, kdo jí maso, veganům, vědcům, scientologům atd....

Osvoj si dovednost naslouchat ČEMUKOLIV, aniž bys ztratil nervy.

První zásada Buddhistického tréninkového tábora říká, že opak toho, co víš, je také pravdou. Přijmi to, že způsob, jakým někdo druhý vnímá realitu, je stejně opodstatněný jako ten tvůj (i kdyby byl v rozporu se vším, čemu věříš), a respektuj, že jeho pravda je pro něj stejně skutečná jako pro tebe ta tvoje.

Potom (a to je ještě těžší) se druhému ukloň a řekni „Namaste", což znamená, že božství v tobě si je nejen vědomo božství v druhých, ale že ho i ctí.

Soucit je to jediné, co dokáže zbořit politické, dogmatické, ideologické a náboženské bariéry.

Kéž všichni harmonicky žijeme v míru.

> *„Nebudeš trestán, že ses hněval.*
> *Ale tvůj hněv sám tě ztrestá." – Buddha*

Sebepochybnosti

Když jsme jednou byli u kamarádova bazénu, máma jen tak mimochodem prohodila: „Zdá se, že někdo přibral!"

Tehdy mi bylo šestnáct a k obezitě jsem měl skutečně daleko. Kvůli těm několika kilům navíc jsem se ale zřejmě přece jen cítil nejistě, protože od té chvíle jsem byl svou váhou přímo posedlý.

O měsíc později jsem mámu poprosil, abychom zašli do obchodu se sportovním vybavením koupit posilovací kolečko na břicho (to bylo v roce 1993 nejoblíbenější posilovací vychytávkou). Když se mě zeptala: „Na co to chceš?", řekl jsem: „Na to, abych mohl jednou dělat striptéra!"

Zasmála se, protože si pochopitelně myslela, že žertuji, ale já jsem byl přesvědčen, že svou „oplácanost" oficiálně překonám jedině tak, když mi budou lidé platit za to, abych se svlékal.

Ukázalo se, že moje nejistota nakonec neměla nic společného s mým vzhledem, protože i když jsem o dva roky později, s dokonalým pekáčem buchet na břiše a falešným opálením, začal striptéra opravdu dělat, dál na mě ze zrcadla zíral ten bledý obtloustlý kluk.

Neviním mámu z toho, co dennodenně děláme my všichni. Sice mi to řekla jen jednou, ale já jsem si pak dlouhé roky při každém pohledu do zrcadla opakoval, že jsem tlustý a ošklivý.

Slova mají nesmírnou sílu – i slova, která říkáš sám sobě – tak je prosím vybírej s rozvahou.

> *„Chyby, které jsme udělali v minulosti, nás vedou, ale nedefinují." – Anonym*

Bolest skrývající se za našimi strachy

Když se začal zhoršovat zdravotní stav a paměť kamarádovy babičky, přestěhovala se ze svého domu k dceři, aby tam na ni mohli dohlédnout.

Všichni jsme si mysleli, že by bylo skvělé, kdybych se o babiččin dům postaral (když tam teď nikdo nebydlel), a že by se i jeden nebo dva pokoje daly pronajmout a nájemné by se použilo na pokrytí výdajů za babiččiny drahé léky a zdravotnickou péči.

Jako mnohé domy v okolí měl i tento zahradu s ovocnými stromy a mě napadlo, že bych mohl sbírat přebytečné ovoce z celého sousedství a předávat ho lidem, kteří nemají na jídlo. Díky tomu množství jídla, které by se jinak vyhodilo, by už nikdo neměl hlad.

Kamarád i jeho manželka mě dlouhé roky znali a neměli nejmenší pochyby o tom, že vždy jednám ve prospěch druhých.

Obrátili jsme se na kamarádovy rodiče, tety a strýce s návrhem, že se v dobré víře ujmu této neplacené pozice správce domu a udělám, co budu moct, abych rodině ulevil od starostí souvisejících s domem, pomohl s jeho údržbou a úklidem a postaral se samozřejmě o to, aby měli příbuzní při návštěvě města vždy k dispozici krásný dům.

Překvapivě všichni to považovali za skvělý nápad až na kamarádovu mámu, která se nemohla oprostit od svých obav a nedůvěry vůči druhým (natož vůči někomu, koho neznala).

Bála se, že bych dům schválně podpálil nebo něco podobného a soudil se s jejich rodinou, abych je připravil o všechen majetek, nebo že bych pronajal pokoje načerno a nájemné si nechal pro sebe, že bych to tam celé zničil anebo – a to už řekla s pořádnou dávkou černého humoru – pokud jsem opravdu tak laskavý a štědrý, jak tvrdí její syn, že bych (nedejbože) dovolil bezdomovcům spát na podlaze, když je venku zima.

Jak se ukázalo, za jejími strachy se skrývalo mnoho bolesti. Vždy tomu tak je. Řeči o tom, že by někdo jiný bydlel v domě její maminky, ji jen nutilo přijmout za reálnou skutečnost, že její maminka umírá, na což očividně nebyla připravená.

Lítal jsem sem a tam, jak jsem se se všemi scházel, a dokonce jsem si u právníka nechal sepsat prohlášení, že nebudu mít za žádných podmínek právo na žádnou finanční odměnu ani na podání žaloby a že budu co nejlépe chránit zájmy rodiny a hlavně babiččinu integritu. S její dcerou to ale ani tak nehnulo.

Tehdy jsem z toho byl velice zklamaný a smutný. Nechápal jsem, proč nechce přijmout něčí štědrost, aniž by v tom hledala nějaký „háček".

Stala se snad většina lidí tak cynickými, otupělými a pesimistickými a já si toho nevšiml? Copak už lidé nevěří v nahodilé projevy laskavosti a štědrosti? Je-li tomu tak, musíme takových skutků dělat víc, aby lidé znovu začali věřit!

Nenech se prosím tímto příběhem odradit. Ať místo toho ve tvém srdci probudí chuť dávat, odpouštět a věřit.

Krásný dům je dnes útočištěm švábů a ještěrek. Zanedbaný a protkaný plísní se pomalu rozpadá, což se asi stalo i se srdcem kamarádovy maminky.

Z této zkušenosti jsem si odnesl důležitou lekci. Uvědomil jsem si, že si nemůžeš pro někoho něco přát víc, než si on přeje sám pro sebe, a že někteří lidé prostě nevěří ve světlo. (Jak jsem mohl být tak naivní, že jsem to nevěděl dřív?) Je jedno, jestli jim svítíš přímo do tváře, protože když někdo ve světlo nevěří, neuvidí ho.

Teď už vím, že otevřít svá srdce je mnohem důležitější, než mít otevřené oči. Jsou-li naše srdce zavřená, je jedno, na co se díváme – nikdy svět kolem neuvidíme takový, jaký opravdu je: krásný.

„Nepotřebuješ důvod k tomu, abys lidem pomáhal."
— Anonym

ŽIVOT S VDĚČNOSTÍ

Vděčný za každý nádech

Fráze „zhluboka se nadechni" je zavádějící. Dech totiž není jen tak něco.

Dýchání je dar, zázrak, který je nám dopřáván znovu a znovu. Často ho však, stejně jako zdraví, považujeme za samozřejmost, dokud o ně nepřijdeme. Přijměme tento dar s vděčností a uznáním tak, jak bychom přijali každý dar, a řekněme: „Děkuji."

Někdy se může zdát, že společnosti vládne nespokojenost a nevděk a že se ze světa vytratilo uznání. Někteří lidé však v sobě tyto kvality stále chovají, a právě v nich tkví naděje.

Tak pojď... zavři oči, usměj se a přijmi několik hlubokých nádechů a výdechů.

Jak nádherné je být naživu!

„Spokojenost činí z chudých lidí bohaté a nespokojenost činí z bohatých lidí chudé." – Benjamin Franklin

Prevence je nejlepší lék

Jednoho dne mi konečně došla trpělivost a řekl jsem: „A dost! Už mám po krk těch tvých lží, násilí a manipulace, tak vypadni! Mezi námi je KONEC!"

Přestože jsme spolu vyrostli a za ty roky se i dost nasmáli, měl jsem OPRAVDU skvělý pocit, že jsem z toho toxického vztahu konečně odešel.

Nově nalezená svoboda mi poskytla možnost věnovat se osobnímu růstu a introspekci, číst a trávit mnohem víc času venku.

Musím uznat, že prvních pár týdnů to bylo dost náročné. Po příchodu domů mi chyběla ta známá náruč (protože nás lidi rutina uklidňuje, i když je nefunkční). Ale teď, kdy už jsme se neviděli přes deset let, můžu upřímně prohlásit, že mi televize vůbec nechybí.

Je pravda, že ne VŠECHNO v televizi je negativní, špatné, plné násilí nebo ubíjejících reklam, ale já osobně jsem ji musel vyřadit úplně, abych se zbavil závislosti.

Přišel jsem o nádherné záběry, dokumenty a vzdělávací pořady, které vysílá třeba Discovery Channel? Jistě! Ale rozhodně mi nescházely špatné zprávy hned po ránu a ještě horší před spaním, to si piš! Místo toho jsem se věnoval vlastnímu výzkumu, a to vlastním tempem, ve vlastním čase a bez reklam.

Jedinou změnou, které jsem si ze začátku všiml, bylo to, že jsem se najednou nemohl v práci během pauzy účastnit rozhovorů s kolegy.

Po deseti letech bez televize jsem si ale všiml mnohem pozoruhodnější změny: všechny moje myšlenky byly opravdu moje. Nikdo mi neříkal, co si mám myslet, co si mám koupit, co se mi má líbit, co mám jíst nebo na co se mám dívat; rozhodoval jsem se sám.

Říkám si, jestli moje věčně dobrá nálada není zčásti dána tím, že nesleduji média. Nezbavil jsem se totiž jen televize; šel jsem do toho naplno a vyřadil jsem ze života i noviny, rádio a časopisy!

Eknath Easwaran ve své knize Meditace vysvětluje, že nepřijímáme potravu jen ústy, ale i očima a ušima. Když tedy sledujeme nebo posloucháme jedovatou negativitu, násilí, drby a v podstatě cokoli, co nepřispívá k našemu osobnímu růstu či dospívání, je to stejné, jako bychom jedli jen rafinované cukry, smažené jídlo a nasycené tuky; určitě onemocníme.

Ta nemoc se však projevuje jako strach, paranoia, úzkost, chamtivost, nejistota, nedůvěra vůči našim bratrům a sestrám a celková životní nespokojenost. Fuj!

Jak je tomu u většiny nemocí, naštěstí i zde je nejlepším lékem prevence!

Začni si všímat, kolik toho, na co se díváš, tě naplňuje strachem, hněvem nebo úzkostí, a na druhou stranu kolik toho, co čteš nebo čemu se vystavuješ, pojednává o bezpodmínečné lásce, vděčnosti, důvěře, úctě a božství v každé bytosti (včetně tebe).

Jak řekl Carlos Castaneda: „Buď sami sebe učiníme nešťastnými, nebo sami sebe učiníme šťastnými. Množství vynaloženého úsilí je stejné."

Tak zvol štěstí a ze všeho nejdřív se začni vyhýbat přesně tomu, co tě činí NEšťastným. Mně to rozhodně pomohlo!

„Květiny rozkvetou, až když jsou na to připraveny.
S lidmi je to stejné.
Nemůžeš spěchat ani je otevřít násilím jen proto,
že podle tebe nastal správný čas.
Měj strpení."
– Timber Hawkeye

Různé verze násilí

Když jsem poprvé konfrontoval matku a obvinil ji z týrání, její odpověď zněla: „Kde? Ukaž mi nějakou modřinu!" Je zvláštní, že nás nikdy neuhodila tak, aby to zanechalo nějakou viditelnou stopu, ale jizvy jsem měl hluboké a týrání nebylo vždy fyzické. Tehdy mi bylo třináct a nedokázal jsem jasně vyjádřit, jak moc se bojím vlastních rodičů.

Nebýt plakátu v supermarketu, kde stála reklama na místní linku pomoci týraným dětem, ani bych se možná nedozvěděl, že ze zákona rodiče své děti bít nesmí.

O nějakých dvacet let později jsem slyšel písničku „Versions of Violence" od Alanis Morissette a došlo mi, že i já se v dospělosti chovám násilnicky, aniž bych o tom vůbec věděl.

Ta písnička mi dala příležitost k sebereflexi a osobnímu růstu, za což jsem hluboce vděčný. Nevyžádané rady, nátlak, ovládání, nálepkování, posuzování a vměšování se do záležitostí druhých jsou jen některé z verzí násilí, které na nás mají velký vliv. „Tyto verze násilí," píše Morissette, „někdy nenápadné, někdy jasné. A ty, které zůstanou bez povšimnutí, zanechávají stopy i poté, co zmizí."

„Všechno ve tvém životě se zlepší,
jakmile tvé odhodlání jít vpřed zvítězí
nad tvou neochotou oprostit se od minulosti."
– Timber Hawkeye

Je to na tobě!

V dětství jsem často plakal ve svém pokoji, a abych ukončil své trápení, snažil jsem se přijít na způsoby, jak zabít buď sebe, nebo ty, které jsem považoval za jeho příčinu.

Nakonec jsem udělal něco, o čem jsem se později dozvěděl, že ke zmírnění utrpení doporučuje buddhismus: nezbavil jsem se své matky, ale zbavil jsem se citového pouta k ní. Utrpení má vždy svou příčinu a stejně tak existuje i cesta, jak z něj ven.

Jak mi nakonec došlo, matku jsem nenáviděl proto, že nikdy nenaplnila mé představy o tom, jaká by podle mého názoru matka „měla být". Jakmile jsem se však od těchto představ oprostil, konečně jsem v ní spatřil svého největšího učitele, nikoli nepřítele, a přijal jsem skutečnost, že jednala, jak nejlépe uměla.

Nepředváděla mi sice chování, jaké bych chtěl v dospělosti napodobovat, ale dokonale mi ukázala, čím jsem se nikdy stát NECHTĚL, a to je stejně cenná lekce.

Naučil jsem se, že tím jediným, kdo má ve svých rukou tvé štěstí (či neštěstí), jsi TY!

„Když tě někdo miluje, nemusí to říkat. Poznáš to podle toho, jak se k tobě chová."
– Anonym

Proč je vděčnost tak důležitá

Jednoho chladného zimního rána jsem vylezl z postele po probdělé noci. Nemohl jsem spát, protože sousedé se hádali a mlátili dveřmi, pořád mě budily hromy a blesky a v žádné poloze jsem se nemohl uvelebit. Vstal jsem mrzutý a podrážděný, a to můj den teprve začínal.

A co víc? Dva měsíce předtím mi kamarád navrhl, abych zkusil každé ráno meditovat! Abych řekl pravdu, přímo jsem to nesnášel. Roky jsem byl zvyklý na svou ranní kávu, zprávy, snídani a čtení mailů. Teď jsem měl nejdřív ze všeho jen tak několik minut sedět a soustředit se na svůj dech? Většinou jsem nakonec stejně jen myslel na to, co všechno bych dělal radši (nebo jak rád bych se dál válel v posteli).

Jak si asi umíš představit, sednout si po probdělé noci k meditaci bylo nesmírně těžké, ale slib je slib.

Vstal jsem, přešel do malého koutku, který jsem si v bytě k meditaci vyhradil, a rozmrzele se usadil s hlavou plnou myšlenek na všechno, co mě v noci nenechalo spát.

Po dvou minutách se ale stalo něco zajímavého: žádnou z mých mentálních stížností se mi nedařilo v mysli udržet. Místo abych se rozčiloval kvůli noční bouřce, byl jsem rád, že jsem doma v teple. Při myšlence na hádku sousedů jsem pocítil vděčnost za svůj vlastní pěkný vztah. A když jsem se nad tím pořádně zamyslel, vůbec jsem si nemohl stěžovat na nepohodlnou postel, když tolik lidí každou noc spí na ulici v lepenkových krabicích!

Bylo neuvěřitelné, jak si vděčnost dokázala poradit s každým mým negativním pocitem. Moje ranní meditace byla nakonec lepší než šálek kávy a na nadcházející den jsem se začal přímo těšit. Když jsem při odchodu z bytu potkal sousedy, vlastně mi jich bylo líto, místo abych na ně byl naštvaný, protože jsem věděl, že si prožili ještě horší noc než já.

Vděčnost je úžasným protijedem na skoro každý negativní pocit. Ve chvíli, kdy se na někoho rozzlobíme, zapomínáme, jak vděční jsme za to, že ho vůbec máme ve svém životě. A jakmile se vrátíme k pocitu vděčnosti, hněv mizí. Je to úžasné!

Zkus to někdy a zjistíš, že se prostě musíš usmívat.

„Když se ocitneš v jámě,
nejdřív ze všeho přestaň kopat."
– Will Rogers

Buď sám tou změnou

Kdysi jsme se spoléhali na církev, aby našim dětem vštípila pocit vděčnosti. Ale jak se z různých důvodů spousta lidí od náboženství odklonila, je teď na tobě a na mně, abychom si pravidelně a všemi pomůckami, které máme k dispozici, připomínali, za co všechno jsme vděční.

Když například šíříme vděčnost na Facebooku a na Twitteru, vyvažujeme tak strach a úzkost, které média mezi lidi šíří na každém druhém kanálu a stanici.

Ukažme příští generaci, jak je snadné najít důvody k vděčnosti. Opačnou variantou je příšerný a stále rostoucí pocit, že máme na něco nárok, což já osobně považuji téměř za epidemii.

Záměrem každé kapitoly v této knize je probudit, osvětlit, obohatit a inspirovat a jádrem tohoto záměru je vždy vděčnost. Zkus vděčnost vnést do svých příspěvků na internetu, do každodenních interakcí se svými přáteli a rodinou i do rozhovorů s kolegy v práci. Veď si deník vděčnosti nebo doma vytvoř zeď vděčnosti, na kterou můžou všichni kdykoli psát, za co jsou vděční.

Až si příště bude někdo stěžovat na svou práci, řekni: „Já jsem vděčný, že nějakou práci mám." A když bude někdo naříkat, že mu něco chybí, řekni, jak moc si vážíš toho mála, co máš. Tím nemyslím, abys byl protivný a zneplatňoval ostatním jejich verzi pravdy. Můžeš je však jednoduše a šikovně navést na to, aby si z dané situace vzali to dobré. Protože oni to také chtějí vidět, jen jim to v tu chvíli nejde. Měj trpělivost, ale nepodporuj druhé v jejich negativitě. Přizpůsob, co říkáš, svému posluchači.

Víš, co myslím: nepodporuj ten neustále se zvyšující počet lidí, kteří berou věci jako samozřejmost a dělají ze sebe oběti.

Raději si užívej toho, že boj o přežití máme dávno za sebou a ve srovnání s mnoha jinými lidmi jsme vlastně rozmazlení!

„Hledat štěstí vně sebe sama je jako čekat na sluneční paprsky v jeskyni obrácené na sever."
– Tibetské přísloví

Myšlenky, slova a činy

Pokud jsi někdy venčil štěně, určitě víš, že se rozběhne za vším, co ho zaujme. Když ho však naučíme pár jednoduchých povelů, vyroste z něj náš poslušný a intuitivní nejlepší přítel.

Mysl dokáže být stejně aktivní a obtížně zvladatelná jako štěňátko, přesto jsme ji nikdy nevycvičili k tomu, aby nás poslouchala. Proč ne? Necháváme ji pronásledovat nahodilé myšlenky, dělat unáhlené závěry a ztrácet soustředění. Ovládáme ji vlastně tak málo, že ji někdy ani neumíme na konci dne vypnout. Kdyby se jednalo o štěňátko, moc bychom se zlobili!

Víme, že buddhismus je o trénování mysli a že existuje mnoho způsobů, jak na to. Druhá zásada Buddhistického tréninkového tábora říká, že z našich myšlenek se stávají slova a z našich slov činy. Při trénování mysli však navrhuji jít na to opačně. Začni tím, že změníš své činy, pak věnuj pozornost svým slovům a myšlenky se postupně přidají.

Nejdřív ze všeho si uvědom, jaké máš zlozvyky (ať jsou jakékoli), a zbav se jich. Pokud jsi třeba zvyklý jednat ze vzteku, pak ve tvé mysli není úrodná půda, ve které by mohlo vyklíčit semínko vděčnosti. Abys měl pozitivní myšlenky, musí tvé činy být v souladu s tvými záměry.

Buď součástí řešení, místo abys byl součástí problému. Pouhé studium buddhismu totiž nestačí; to, co se naučíme, musíme taky uvádět do praxe!

Trénink mysli vyžaduje spoustu sebeovládání, odhodlání a absenci hněvu (ať už použiješ tento přístup, transcendentální meditaci, jógu či jakoukoliv jinou metodu).

Buddhistický tréninkový tábor tu není od toho, aby tě nutně naučil něco nového, ale aby ti pomohl uplatnit to, co už víš; aby tě nasměroval k vděčnosti a bezpodmínečné lásce. Nemůžeme pouze PŘEMÝŠLET o soucitu a laskavosti; soucitnými a laskavými musíme BÝT. Tak se dejme do toho!

> *„Gram praxe vydá za tuny teorie."*
> *– Gándhí*

Udělat „to správné"

Karel se sám stará o své dvě děti. Když před rokem jeho manželka zemřela na cukrovku 2. typu, slíbil si, že se bude lépe starat o zdraví celé rodiny, a zavedl tři novinky: bude se jíst víc ovoce a zeleniny, všichni budou cvičit a už nikdy si neobjednají fast food. Dnes může za večeři utratit jen stovku, tak udělá bramborovou kaši, grilované kuře a dušenou brokolici. Přestože by rád koupil všechno v bio kvalitě, nemůže si to prostě v tuto chvíli dovolit, tak aspoň dělá to nejlepší, co může, a nekupuje průmyslově zpracované potraviny, slazené nápoje a nic, co obsahuje fruktózový sirup.

Ve frontě u pokladny stojí za Karlem žena jménem Laura. Její život je úplně jiný než jeho a nákupní vozík má plný bio potravin a sezónního ovoce a zeleniny, protože si to může snadno a bez váhání dovolit. Ačkoliv je zapřisáhlou vegetariánkou a velkou podporovatelkou místních farmářů, nemůže se na Karla zlobit za to, že jí maso nebo kupuje běžné potraviny. Je sice pravda, že bio je lepší než nebio, ale nebio je určitě lepší než fast food. Vzhledem ke svému času, místu a okolnostem dělá Karel to správné. Oba to dělají.

Nikdy nikoho nesuď za to, jak se rozhoduje, a vždy si pamatuj, že opak toho, co víš, je také pravdou. Pohled druhých na realitu je stejně opodstatněný jako ten tvůj, takže ať si jsi jakkoliv jist, že děláš „to správné", musíš s pokorou přijmout možnost, že ten, kdo dělá pravý opak, může taky dělat „to správné".

Všechno je otázkou času, místa a okolností. Jsou-li tvé myšlenky prosyceny soucitem, není v nich místo pro žádné „měl by", „měla by"!

„Dělej všechno dobro, co můžeš, všemi možnými prostředky a způsoby, kdekoliv a kdykoliv můžeš, všem lidem, kterým můžeš, dokud to jen půjde. – John Wesley

Charta soucitu

Dnes odpoledne mě někdo viděl s touto knihou v ruce a zeptal se: „Jste buddhista?" Nedokázal jsem na to odpovědět. Jsem spoustu věcí, ale ani jedna z nich mě nedefinuje. Ačkoliv jsem teoreticky žid, mám hinduistickou mantru, byl jsem vysvěcen buddhistou a mou ranní meditací je katolická modlitba svatého Františka z Assisi. Studuji náboženství a psychologii zároveň (abych pochopil, proč a jak lidé v něco věří) a z celého srdce nejvíc souhlasím s nesektářskou Chartou soucitu, která zní takto:

Soucit leží v srdci všech náboženských, etických a duchovních tradic a vyzývá nás, abychom vždy jednali s druhými tak, jak si přejeme, aby i oni jednali s námi. Soucit nás vede k neúnavné práci na zmírnění utrpení našich bližních, k sesazení sebestřednosti z centra naší upnuté pozornosti a vytvoření nedozírného prostoru vědomí, které uznává nedotknutelné a posvátné postavení každé lidské bytosti, dále si váží všech bez výjimek a ke každému přistupuje zcela spravedlivě, se slušností, respektem a rovností.

Je též nezbytné, a to jak ve veřejném, tak soukromém životě, důsledně a empaticky se zdržovat způsobování bolesti. Jakékoliv násilné jednání nebo vyjadřování plynoucí ze zášti, šovinismu nebo vlastní zištnosti vedoucí k ožebračování, vykořisťování nebo upírání základních lidských práv, rozněcování nenávisti pomlouváním ostatních – včetně našich nepřátel – představuje popření naší lidskosti. Uvědomujeme si, že jsme v minulosti nedokázali žít soucitně a že někteří ve jménu náboženství dokonce přispěli ke zvýšení lidského utrpení.

Proto vyzýváme všechny muže a ženy k navrácení soucitu do středobodu morálky a náboženství; k přijetí pradávných zásad, že každý výklad písma, který podporuje násilí, nenávist nebo pohrdání, je nelegitimní; k úsilí, aby informace předávané mládeži byly přesné a projevovaly úctu k jiným tradicím, náboženstvím a kulturám; k podporování pozitivního posilování kulturní a náboženské rozmanitosti; k prohlubování zasvěceného empatického cítění s utrpením všech lidských bytostí – včetně těch, které považujeme za své nepřátele.

Naléhavě potřebujeme, aby soucit byl zřetelnou, jasnou a dynamickou silou v našem polarizovaném světě. Soucit může prolomit politické, dogmatické, ideologické a náboženské hranice skrze principy zakořeněné v odhodlanosti k transformaci vlastního sobectví. Soucit zrozený z naší hluboké vzájemné závislosti je nezbytný pro lidské vztahy a pro naplnění naší lidskosti. Je to cesta k osvícení, která je nezbytná pro nastolení rovnováhy a vytvoření spravedlivého hospodářského a mírumilovného globálního společenství.

„Jedinou zkouškou oprávněnosti jakékoli náboženské ideje, doktrinálního tvrzení, duchovního prožitku či zbožné praxe je to, zda vede přímo ke konkrétním projevům soucitu."
– Karen Armstrongová

Trvalost

Když mi bylo něco přes dvacet, nechával jsem si na konci každého svého vztahu udělat tetování. Asi to bylo tím, že jsem byl zklamaný a hledal jsem něco trvalého, když se všechno ostatní zdálo tak nejisté.

Naštěstí jsem volil výrazy nebo umělecká vyobrazení věcí, ve které bych chtěl věřit navždy. Připomínají mi, co je opravdu důležité:

Bezpodmínečná láska, Upřímnost, Úcta, Důvěra, Sebeovládání, Odhodlání, Oproštění se od hněvu, Štěstí, Klid, Rovnost, Síla, Božství, Svoboda, Duch Aloha, Vzájemná podpora, Pocit domova – a když mi došlo, že jsou to samé vážné věci, přidal jsem tetování volejbalisty pro znázornění Zábavy.

Hledáme všichni něco trvalého v proměnlivém světě?

Ve chvíli, kdy beze strachu přijmeme skutečnost, že všechno je pomíjivé, můžeme si začít vážit každého nádechu jako daru. Ať už jde o lásku, kterou nám projevuje přítel, o naši rodinu, o mládí nebo o život sám, oslavujme a užívejme si, že je dnes máme.

> „Žij, jako bys měl zítra zemřít.
> Uč se, jako bys měl navždy žít."
> – Gándhí

Aktivismus

Včera jsem potkal úžasnou ženu, která mi nejprve připadala jako zatrpklá, agresivní, otupělá, naštvaná politická aktivistka a pobouřená feministka. Čím víc jsem mluvil o svém přesvědčení, že světový mír začíná pohledem do vlastního nitra (změnou myšlení za účelem povznést se nad chamtivost, nenávist, nevědomost a strach), tím naštvanější byla, že nenavrhuji, abychom udělali něco pro změnu toho „zkorumpovaného systému".

Až po několikahodinovém hovoru přestala svou pravdu obhajovat na tak dlouho, aby aspoň pochopila (i když ne nutně souhlasila), že ačkoliv jsou naše přístupy zcela odlišné, cíl máme společný.

„Systém" je koneckonců tvořen jedinci. Vychováváme-li příští generaci k mírumilovnosti a soucitu, budujeme pro budoucnost systémy postavené na altruizmu, a ne na touze po moci.

Tato žena si přála, aby globální změna nastala TEĎ HNED, a já ji obdivuji za to, s jakou naléhavostí a vášní k věci přistupuje. Abychom oslovili široké spektrum lidí, musíme používat různé taktiky. Takže i když ona je ráznou aktivistkou, která ke zvyšování povědomí o tématu přistupuje velice odlišným způsobem než já, i ona je vlastně vojákem míru v armádě lásky.

Pochopil jsem, že svým způsobem jsme každý aktivistou. Já třeba neprotestuji s transparentem v ruce za svržení vlády, ale napsal jsem knihu a zasévám semínka vděčnosti s nadějí, že si sám zapamatuji a všem připomenu, co skutečně znamená výraz „pro lid". Nikdy předtím by mě nenapadlo sám sebe považovat za „aktivistu", ale svým způsobem asi jsem.

Někdy je těžké poznat, že vojáci míru v armádě lásky jsou našimi spojenci, protože někteří používají úplně jiné metody než my. Vnějšímu pozorovateli se mohlo zdát, že jsme se s tou ženou hádali, ale já si myslím, že jsme duchovně rostli, a za to jsem nekonečně vděčný.

„Na protiválečný pochod nepůjdu. Pozvěte mě, až bude pochod za mír."
— Matka Tereza

Snadněji se to řekne, než udělá

Nejčastější reakcí na myšlenky v této knize je „snadněji se to řekne, než udělá".

Tohle je tréninkový tábor, lidi... NE cesta nejmenšího odporu.

Trénovat mysl k větší pozitivitě, lásce, otevřenosti a laskavosti se možná „snadněji řekne, než udělá", ale určitě je to snazší, než žít po zbytek života s chamtivostí, nenávistí a hněvem!

Pokud se chceme osvobodit z pout nevědomosti, musíme vynaložit úsilí.

Nech odejít to, co tě zabíjí, i když tě zabíjí, že to musíš nechat odejít!

„Chůze po rovince špatným směrem je mnohem těžší než stoupání do kopce směrem k euforii."
– Timber Hawkeye

V DOBRO VĚŘÍME.
– Buddhistický tréninkový tábor

Klid je možný na buddhistbootcamp.com

Pokud se ti tato kniha líbila,
poděl se o ni prosím s kamarádem!

Když jeden člověk šíří dharmu, miliony dalších se učí.

Přidej se do naší online komunity
na Facebooku (facebook.com/buddhistbootcamp)
a Twitteru (@TimberHawkeye).

Namaste.

www.ingramcontent.com/pod-product-compliance
Lightning Source LLC
Chambersburg PA
CBHW030332100526
44592CB00010B/663